AF402738

D. ZOLLA

**Professeur à l'Ecole de Grignon
et à l'Ecole libre des Sciences Politiques**

La Grève
Les Salaires

et

Le Contrat de Travail

Préface de M. Anatole LEROY-BEAULIEU
De l'Institut

PARIS Vᵉ

V. GIARD & E. BRIÈRE
Libraires-Éditeurs
16, RUE SOUFFLOT ET 12, RUE TOULLIER
1908

La Grève, les Salaires

et

Le Contrat de Travail

OUVRAGES DU MÊME AUTEUR

Chez V. GIARD et E. BRIÈRE, Éditeurs :

Code Manuel du Proprétaire-Agriculteur, 2e édition.

Chez ALCAN, Éditeur, 108, boulevard Saint-Germain :

Questions Agricoles d'hier et d'aujourd'hui, 1re série 1894, 2e série 1895.

Chez MASSON, 120, boulevard Saint-Germain :

Études d'Economie Rurale, 1896.

La Crise Agricole, 1903.

Chez A. COLIN, 5, rue de Mézières :

Dictionnaire d'Agriculture, 1904.

Album agricole, Questions agricoles, 3e série 1904.

D. ZOLLA

**Professeur à l'Ecole de Grignon
et à l'Ecole libre des Sciences Politiques**

La Grève
Les Salaires

et

Le Contrat de Travail

Préface de M. Anatole **LEROY-BEAULIEU**
De l'Institut

PARIS V

V. GIARD & E. BRIÈRE
LIBRAIRES-ÉDITEURS
16, RUE SOUFFLOT ET 12, RUE TOULLIER

1908

PRÉFACE

De toutes les questions intérieures agitées aujourd'hui en France, il n'en est aucune d'un intérêt plus général que celle traitée en ce livre par mon ami et mon collaborateur de l'Ecole des Sciences Politiques, M. Daniel Zolla.

La Grève, les Salaires et le Contrat de travail : quel sujet d'une plus urgente et plus angoissante actualité ?

Quelles sont les conséquences habituelles des grèves, et quelle répercussion ont-elles sur les salaires ? Quel est le but, et quels sont les effets des organisations ouvrières et de l'action syndicale ? Quelle est la marche du taux des salaires, et quelles sont les causes réelles de leur élévation depuis un siècle ?

Ne sont-ce pas là des questions qui se lèvent chaque jour devant nos contemporains et auxquelles, ouvrier ou patron, industriel ou agriculteur, homme d'affaires ou homme d'étude, chacun de nous est anxieux de pouvoir trouver une réponse précise.

Ces hautes questions, M. D. Zolla les traite avec un scrupuleux souci d'exactitude, décomposant les problèmes complexes, en étudiant successivement les données, s'attachant surtout aux faits, en montrant les causes et l'enchaînement avec une rigoureuse et lumineuse méthode.

Reprenant les belles études de M. Levasseur et de M. de Foville, il nous fait voir quelle a été la marche des salaires agricoles et industriels, de 1789 à nos jours ; il marque avec soin les différentes étapes de la rémunération du travail manuel, s'appliquant à déterminer quelle part de l'augmentation des salaires revient au droit de coalition et au droit de grève.

Il découvre, à l'encontre des préjugés courants, que cette part a été minime.

C'est que ni les coalitions ni les grèves les plus étendues, les plus obstinées ou les mieux conduites ne peuvent réussir à surélever, d'une façon durable, la rémunération de la main-d'œuvre, même dans les industries où la production est le plus concentrée. Pour que puissent monter, sans lourdes rechutes, les salaires des ouvriers ou les traitements des petits employés, la condition première, la condition nécessaire, c'est l'augmentation de la richesse publique. En dehors de là, tout accroissement indéfini des salaires se heurte à une barrière infranchissable, à une impossibilité physique que M. Zolla formule ainsi : « on ne peut obtenir un quotient notable avec un dividende modeste, quand le diviseur est représenté par dix millions de copartageants. »

C'est là une loi mathématique, la véritable loi d'airain, contre laquelle viendront toujours se briser les rébellions des révolutionnaires aussi bien que les utopies des rêveurs. Cette loi qui domine toute la vie économique, les réformateurs sociaux, les champions de la grande œuvre du relèvement des masses populaires n'ont ni le droit de l'ignorer, ni le droit de la négliger. On pardonne aux impatientes exigences des foules de ne pas le savoir ou de l'oublier ; on peut être plus sévère à l'égard des lettrés et des hommes instruits justement épris des grandes questions sociales. S'ils veulent y apporter un zèle utile et une activité féconde, ils doivent commencer par les étudier et n'en pas méconnaître les données essentielles. A ces hommes cultivés, libres volontaires du progrès social, nous nous permettons de recommander la substantielle étude de M. D. Zolla. Elle leur fera comprendre que, pour améliorer la situation du grand nombre, le premier problème, le plus urgent n'est pas celui de la distribution de la richesse, mais bien celui de la production de la richesse.

La France contemporaine a beau passer, non sans raison, pour un des plus riches pays du globe, l'égale répartition de tous ses biens entre tous ses enfants serait loin de donner à chacun le bien-être ou l'aisance qu'ose leur promettre l'ignorante illusion des collectivistes. Ce serait là un miracle que l'omnipotence de l'Etat, même aux mains des socialistes, serait impuissante à produire.

Quand l'intervention de l'Etat est-elle légitime ? et chose plus importante encore, quand l'intervention de l'Etat est-elle vraiment utile et vraiment efficace ?

C'est ce que M. D. Zolla recherche avec une sûre connaissance des faits et un scrupuleux amour de la vérité. Il est tel cas, en effet, où loin de servir efficacement les intérêts des masses ouvrières, l'intervention de l'Etat peut tourner contre le but qu'il prétend poursuivre, en arrêtant la marche de la production et en entravant le développement normal de la richesse publique. C'est pourquoi, si tous les hommes de cœur doivent être unanimes à souhaiter et à faciliter, chacun dans la mesure de leurs forces, la lente ascension des classes populaires, urbaines ou rurales, vers l'aisance ou le bien-être, ils doivent tous se pénétrer de cette vérité élémentaire que, pour accroître la richesse ou l'aisance des particuliers, la première chose est de ne pas tarir les sources profondes de la richesse nationale.

Anatole LEROY-BEAULIEU

INTRODUCTION

Dès la première page de ce livre indiquons au lecteur avec franchise ce qu'il ne saurait y trouver : Des discussions étendues et approfondies sur les grèves et le contrat de travail au point de vue juridique, des études de législation et de statistique comparées, des travaux complets sur le Code du travail et de la Prévoyance sociale.

Cet ouvrage a été conçu suivant un autre plan ; il a un autre objet.

L'amélioration de la condition matérielle des classes ouvrières préoccupe depuis longtemps tous les gens de cœur et tous les hommes d'Etat. Aucun parti, aucune classe n'a le monopole de cette pensée généreuse, de ces préoccupations ou de ces œuvres de progrès social. Mais, si tout le monde est d'accord pour souhaiter l'élévation graduelle et rapide de la condition des travailleurs manuels, peu de gens sont capables d'indiquer les moyens de l'assurer.

L'impatience des uns, l'irritation des autres s'accommodent mal de la lenteur avec laquelle se produisent la hausse des salaires et l'accroissement pourtant incontestable du bien-être moyen de l'ouvrier. Il s'agit, d'ailleurs, d'une moyenne au-dessous de laquelle on découvre et l'on signale des cas particuliers. La détresse de quelques-uns fait oublier l'aisance relative de beaucoup d'autres. Nul ne songe, parmi ceux qui souffrent, à des moyennes ou à des chiffres ; nul d'entre eux ne compare son dénuement à la misère plus dure encore dont il eût été accablé il y a un demi-siècle.

La souffrance exige des remèdes qui soient prompts ; elle conduit à la révolte, elle inspire les résolutions excessives.

Dans nos sociétés civilisées, la richesse semble, d'ailleurs, inépuisable. Le luxe s'étale ; l'industrie multiplie ses produits, le commerce les met sous les yeux de tous l'instruction révèle les « conquêtes » de la science et la fécondité de ses applications. La machine multiplie la richesse dont on ne voit pas la source et qu'on croit capable de satisfaire tous les besoins, de combler tous les désirs.

Comment le pauvre accepterait-il avec résignation sa dépendance et sa misère quand il croit voir partout l'abondance des biens dont il reste privé ?

Ce contraste apparent et pourtant si sensible et si frappant ne peut qu'irriter ceux qui sont dénués. La pauvreté leur apparaît non comme nécessité douloureuse, non comme une conséquence de l'insuffisance de la production qu'ils voient et qu'ils croient si grande, mais comme le

résultat d'une injustice sociale et d'une répartition vicieuse imposée par une organisation politique et économique qu'il faut briser.

Socialistes d'Etat et collectivistes préconisent
les solutions rapides ou violentes, l'intervention
de l'Etat qui peut tout parce qu'il a tout pouvoir,
ou l'appropriation immédiate des richesses existantes dont la fécondité ne profite qu'aux riches.
Interventionnistes qui disposent de la propriété
privée sans l'abolir, socialistes qui l'abolissent
d'abord pour en disposer ensuite, tous prétendent modifier à la fois la répartition et la production et imposer leurs solutions par la contrainte ;
tous croient, affirment, ou supposent que dès à
présent la richesse produite est assez grande pour
qu'il soit possible de relever la condition de la
foule et de faire disparaître la misère.

Ce livre a pour principal objet de montrer
qu'ils ont tort et que le seul moyen d'accroître le
bien-être général c'est de demander à des forces
libres, groupées, associées, de développer la production qui est insuffisante.

Au nom de l'intérêt général, au profit de la
cause ouvrière, nous réclamons et nous affirmons
comme un droit : la coalition dont la grève est la
conséquence logique mais non point nécessaire ;
l'association, force nouvelle, contre-poids utile
de la puissance du patron, complément du contrat de salaire maintenu mais modifié par toutes les conventions qui résultent d'un libre
accord des volontés.

Sous le régime de la liberté des contrats de

travail, *malgré* la faiblesse relative du salarié trop longtemps privé du droit de coalition et d'association, les salaires ont augmenté, la condition du travailleur manuel s'est élevée.

Ce résultat est la conséquence du développement de la richesse.

Et surtout, il ne faut pas croire qu'une autre politique sociale eût fait grandir plus vite la part des plus pauvres ; il ne faut pas affirmer que les conflits du travail, l'action syndicale, la grève, peuvent élever toujours plus haut les salaires sous la seule et irrésistible poussée de la classe ouvrière prenant conscience de sa force à mesure qu'elle sait mieux faire triompher ses exigences.

Ce sont là des erreurs.

On se fait des illusions à l'égard de la richesse consommable et partageable ; nous voyons mal, et nous sommes dupes des apparences. Non seulement la masse des biens est moins grande qu'on ne le croit, mais encore l'intérêt servi aux capitalistes, le profit attribué aux chefs d'entreprises constituent, eux aussi, un dividende social trop faible pour qu'en le répartissant d'une autre manière entre les salariés on puisse grossir leur part et donner le bien-être à la foule.

Nous sommes encore trop pauvres. Tous nos efforts doivent tendre à développer la richesse pour rendre possible une amélioration certaine de la condition du nombre.

L'intervention de l'État n'est utile qu'à la condition de se proposer le même objet, au lieu de modifier la répartition des richesses ; elle n'est féconde qu'à la condition de respecter la richesse acquise et d'assurer la fonction d'épargne créatrice de ceux qui la possèdent ; elle ne sert les intérêts de la classe ouvrière que par les œuvres de prévoyance et d'hygiène sociale qui conservent des forces productives.

Telle est, résumée en quelques pages, la pensée qui nous a guidé dans cet ouvrage. Nous ne repoussons aucune des solutions proposées de nos jours quand elles ne nuisent ni à la production qu'il faut développer ni à la libre action des énergies créatrices qui doivent en assurer le développement.

Nous repoussons toutes celles qui aboutissent — selon nous — à l'universelle misère sous prétexte de réaliser l'égalité des conditions.

La Grève, les Salaires et le Contrat de travail

Au point de vue Economique
et Social

La *grève* et le *Contrat de travail* sont des termes qu'il est naturel de joindre, de placer côte à côte, parce qu'il existe, en effet un lien entre les deux problèmes économiques et sociaux auxquels ils correspondent. La grève, c'est-à-dire la cessation concertée du travail des salariés a pour objet de modifier les conditions de ce travail. C'est donc bien le contrat — ou plus exactement encore, la convention relative au louage d'ouvrage — qui se trouvent mis en cause par les grévistes.

Nous n'envisageons ici que la grève des salariés parce que le mot « grève » ne se rapporte qu'au refus concerté de travail de la part des employés ou ouvriers. Il est clair que la « grève » de patrons ou d'employeurs vise également le contrat de travail, ses modalités, ses conditions générales ou spéciales.

Quand on va au fond des choses il faut même reconnaître que la question des grèves ouvrières ou patronales se confond avec le problème du contrat de travail puisque tout refus concerté de l'offre en matière de main-d'œuvre ou d'emploi n'est qu'un moyen de modifier les conditions de la convention précédemment acceptée et appliquée ; elle a également pour effet de suspendre — selon les uns, — de rompre, — suivant les autres — le contrat qui liait les deux parties en cause.

Etudier la « grève » c'est étudier le contrat de travail sous un aspect spécial, c'est examiner, notamment, et les causes qui peuvent provoquer un changement de sés conditions, et les moyens employés pour atteindre ce but.

Nous nous trouvons ici en présence de trois opinions, de trois principes économiques et sociaux correspondant à trois doctrines.

La première admet et affirme la pleine liberté des contrats. Suivant cette doctrine les conventions entre employeurs et employés doivent résulter du seul accord des volontés pour respecter pleinement la liberté de l'individu.

Au nom de ce principe on a même longtemps interdit, dans notre pays, les coalitions et les associations.

La seconde doctrine comporte l'intervention de l'Etat dans le but de protéger les plus faibles au moment où se forme le contrat de travail.

La puissance publique agit au nom des intérêts généraux pour ne pas laisser l'ouvrier succomber dans sa lutte contre l'employeur qui dispose du capital et emploie cette puissance sans autre souci que celui d'accroître ses profits (1). La loi de la concurrence oblige, d'ailleurs, le patron à restreindre ses frais de production ; les lois économiques du salaire en abaissent nécessairement le taux, et la condition du salarié reste fatalement misérable. La mission tutélaire de l'Etat consiste à réagir contre ces lois économiques et à imposer des règles qui assurent un juste salaire ou des conditions de travail meilleures.

La troisième doctrine considère le contrat de travail comme un vestige de la servitude ou de l'esclavage. Le salariat n'est qu'un mode perfectionné de l'exploitation traditionnelle du faible par le fort, du pauvre par le riche.

L'amélioration définitive de la condition des classes ouvrières dépourvues des moyens de production, l'émancipation de l'individu et sa liberté, ne peuvent-être obtenues que par l'appropriation et la mise en œuvre collective des capitaux.

Pour réaliser cette transformation sociale, une révolution est nécessaire, soit violente et immédiate, soit progressive et mesurée, subordonnée à la conquête des pouvoirs publics sous la poussée continue et irrésistible du nombre.

La grève n'est plus l'exercice d'un droit destiné à améliorer les conditions du contrat de tra-

1. Bien entendu, nous résumons ici l'opinion d'autrui et non pas la nôtre.

vail, c'est une arme servant à précipiter la chute du régime capitaliste en réduisant les profits pour arriver sans indemnité à l'expropriation des instruments de production.

L'intervention de l'Etat dans la formation et la réglementation du contrat de travail ne peut être également acceptée qu'à titre d'auxiliaire pour hâter la transformation de la propriété individuelle en propriété collective ou commune.

« De même que l'Empire romain a péri sous les coups des barbares qu'il avait cru lier à sa défense, la société actuelle succombera sous les assauts des masses ouvrières qu'elle avait pensé désarmer par sa législation. Au lieu d'enrayer leur élan, elle aura décuplé leur force d'attaque, au lieu d'endormir leurs énergies par des concessions successives, elle aura affermi chez elles, le sentiment de leur valeur, elle aura surexcité leur appétit de subversion (1). »

1. Paul Louis, *L'ouvrier devant l'État*, p. 474.

PREMIÈRE PARTIE

LA LIBERTÉ
DU CONTRAT DU TRAVAIL

———

I

Les causes qui peuvent modifier les clauses du contrat de travail sont si nombreuses qu'il semble impossible de les prévoir ; elles varient et se multiplient avec les conditions économiques de la production ; elles varient encore et se multiplient en raison de la diversité infinie des « espèces », des cas particuliers. Le seul moyen d'arriver à modifier les stipulations et d'obtenir un accord entre l'employeur et l'employé c'est de laisser aux parties contractantes le soin de les discuter et de les régler.

Nul législateur n'est assez prévoyant et éclairé pour formuler les règles aussi nombreuses que les cas auxquels il conviendrait de les appliquer ;

nulle autorité n'est assez puissante pour faire observer et respecter ces textes rigides qui ne sauraient se plier à toutes les exigences de la vie industrielle, commerciale, et agricole d'un peuple.

Qu'il s'agisse des statuts d'une corporation obligatoire, ou d'une législation ouvrière constituant un code du travail salarié, les objections sont aussi fortes, aussi pressantes, aussi nombreuses. Les contractants doivent être seuls juges des conditions qu'il leur paraît possible et utile d'offrir et d'accepter. Cet accord suppose une discussion et une lutte, il ne saurait être imposé à l'avance par un texte.

La seule règle qu'il faille poser c'est le respect de toutes les conventions. Elles doivent tenir lieu de loi à ceux qui les ont faites.

Cette opinion résume toute une doctrine économique et sociale, celle de la liberté des contrats qui suppose, sans la démontrer, la pleine liberté des contractants.

C'est la doctrine du Code civil inspiré par l'esprit individualiste de la Révolution. Un seul article de cet immense recueil de textes vise le contrat de travail : c'est l'article 1780 ainsi libellé : « On ne peut engager ses services qu'à temps ou pour une entreprise déterminée. » Cette prescription a pour objet de prévenir le retour de la servitude ou du servage. Sur le contrat de travail tel qu'il pouvait normalement être conçu et réglé à cette époque, pas un mot. Le législateur n'a formulé que la théorie générale des contrats. C'est l'application logique, hardie, de la doctrine révolutionnaire qui a fait disparaître les corporations au nom de la liberté. Le décret des 2 et 17 mars 1791 décide qu'il « sera libre à toute personne de faire tel négoce, ou d'exercer tel profession, art ou métier qu'elle trouvera bon ». La loi des 14-27 juin 1791 déclare que « l'anéantissement de toute espèce de corporations de citoyens de même état et profession étant l'une des bases fondamentales de la Constitution française, il est défendu de les rétablir sous quelque prétexte et sous quelque forme que ce soit ». La Constitution du 3 septembre 1791 comme celle du 24 juin 1793 consacre explicitement cette doctrine et la proclame en ces termes : « Il n'y a plus ni jurandes ni corporations de professions arts ou métiers. » Bien mieux, la législation révolutionnaire proscrit et punit toute entente qui risquerait de faire revivre les anciens groupements corporatifs : « Les citoyens d'un même état ou profession, lorsqu'ils se trouveront ensemble, ne pourront se nommer ni présidents, ni secrétaires, ni syndics, tenir des registres, prendre des arrêtés ou délibérations, former des règlements pour leurs prétendus intérêts communs (1). »

Enfin, la coalition, cette entente préalable et concertée qui peut avoir pour résultat la « grève », n'est pas moins soigneusement prévue et sévèrement proscrite par les hommes de la Révolution.

1. Décret des 14-17 juin 1791.

C'est un décret de 1791 qui déclare ces ententes «inconstitutionnelles, attentatoires à la liberté et à la Déclaration des droits de l'homme » ; c'est la loi du 23 nivôse, an II qui décide dans son article 5 :

« Les coalitions entre ouvriers des différentes manufactures par écrit ou par émissaires pour provoquer la cessation du travail seront regardées comme des atteintes à la tranquillité publique qui doit régner dans les ateliers. Chaque ouvrier pourra *individuellement* dresser ses plaintes et former ses demandes, mais il ne pourra en aucun cas cesser le travail sinon pour cause de maladie ou infirmité dûment constatée. »

La loi du 22 germinal an XI sur les manufactures, fabriques et ateliers, punit : 1° les coalitions de patrons formées en vue de forcer *injustement et abusivement* l'abaissement des salaires ; 2° les coalitions d'ouvriers ayant pour objet d'interdire le travail dans certains ateliers et d'enchérir les travaux.

En somme, la législation ouvrière de la Révolution émancipe le salarié, l'affranchit de toute entrave, de toute tutelle corporative ou légale, *elle efface toutes les différences qui séparaient le salarié ou l'artisan de métier des autres classes de la société.*

« L'homme est né libre, avait dit Rousseau, et partout il est dans les fers. » Les hommes de la Constituante, de la Législative ou de la Convention ont pris à tâche de briser ces « fers », de rendre le salarié libre, de le délivrer des liens que les corporations les jurandes et les maîtrises avaient multipliés pour l'asservir sous prétexte de le protéger. Cette protection, les Révolutionnaires semblent l'ignorer, la redouter ou la confondre avec la servitude. Ils refusent même au citoyen en général, aux salariés comme aux patrons, le droit de se grouper, de s'associer en vue de défendre leurs « prétendus intérêts communs ». L'individu reste isolé ; il doit comme employé « dresser ses plaintes *individuellement* » et formuler ses demandes, seul en présence de l'employeur !

L'œuvre de la Révolution est donc doublé et elle nous apparaît comme contradictoire. Elle affranchit l'individu, le salarié, et brise la corporation. C'est la liberté absolue de la personnalité humaine qu'elle proclame et édicte comme un dogme social aussi bien que comme une injonction souveraine.

Pour préserver le citoyen de toute servitude traditionnelle et même volontaire, elle prohibe l'association, en néglige la force et en paraît nier les bienfaits.

C'est la liberté de l'entente concertée, qu'elle repousse au nom de la liberté menacée et des droits de l'homme méconnus !

Il faut voir là une conséquence de l'ardeur sans mesure, de la violence et de la passion jalouse avec laquelle, dès la première heure, les hommes de la Révolution ont voulu rompre avec un passé détesté. La réglementation tracassière de l'ancien régime n'avait pas seulement froissé des intérêts, elle avait encore irrité les intelligences éprises de la liberté idéale mise à la mode par les philosophes et les économistes. Les corporations évoquaient le souvenir des classes, des ordres, des privilèges que la Révolution se proposait précisément de faire disparaître.

La haine des réglementations conduisit les révolutionnaires à haïr également les associations qui imposent des règles.

L'optimisme philosophique leur commandait d'admettre que l'homme né bon ne devait ses misères sociales qu'à une organisation défectueuse de la société et qu'il fallait briser tous les liens s'opposant à la pleine liberté du citoyen si l'on voulait assurer sa félicité. C'est en obéissant à ces tendances, à ces opinions si généralement acceptées, que les hommes de la Révolution ont proscrit l'association. Il n'y a rien là qui doive nous surprendre. Les Français du xxe siècle raisonnaient-ils autrement quand il prétendaient, naguère justifier la proscription des congrégations religieuses en soutenant qu'on devait — par respect de la liberté — interdire aux religieux de renoncer volontairement à en conserver l'exercice ?

Les législateurs révolutionnaires ont été des philosophes plus que des politiques ; leur confiance dans les vertus de la liberté était absolue : ils ont eu foi dans cette liberté considérée comme régulatrice souveraine des rapports établis entre les hommes, entre les employés et les employeurs notamment. Et cela encore ne doit pas nous surprendre. Il est dans la nature de l'homme de grandir tout ce qu'il prétend honorer. C'est ce qu'on a fait après 1789 à l'égard de la Liberté.

Est-il vrai, d'ailleurs, que l'individualisme révolutionnaire et l'isolement légal de l'ouvrier aient effectivement nui aux intérêts de ce dernier?

Il faut poser cette question et tenir compte des faits au lieu de condamner sans phrases un régime que nous ne pouvons juger impartialement sans en étudier les conséquences au point de vue de la marche des salaires, et de l'élévation de la condition matérielle des ouvriers. Il n'est pas davantage permis d'oublier quelles étaient les circonstances politiques et les transformations sociales qui ont agi, au même moment sur le taux des salaires. La guerre civile et étrangère, le maximum, la Terreur, ont dû exercer à cet égard une influence singulièrement plus décisive que l'interdiction des coalitions de patrons ou des grèves d'ouvriers.

Les mêmes questions se posent, les mêmes réflexions viennent naturellement à l'esprit, à propos des conséquences de la législation du travail sous le premier Empire. Le Code civil, nous l'avons dit, applique au travail la théorie générale des contrats ; le Code pénal de 1810 reproduit les dispositions de la loi de germinal an XI relatives aux coalitions de patrons et d'ouvriers. Pour être punissable, l'entente concertée des employeurs devait tendre à forcer *injustement* et *abusivement* l'abaissement des salaires ; elle devait, en outre, être suivie d'une tentative ou

d'un commencement d'exécution, double condition difficile à réaliser puisqu'il fallait à la fois
démontrer le caractère *abusif* et *injuste* de la
réduction des salaires, et prouver en même temps
qu'une tentative ou un commencement d'exécution étaient certains.

A l'égard des ouvriers, la coalition suivie de
tentative ou de commencement d'exécution constituait à elle seule un délit. Les mots *abusivement* et *injustement* ont disparu dans le texte de
1810 comme dans celui de l'an XI quand il est
question de l'ouvrier. Sa faute reste punissable
dans tous les cas.

Les chefs ou moteurs de la coalition sont, en
outre, frappés d'emprisonnement s'il s'agit d'une
sédition ouvrière, et la loi n'atteint pas ceux qui
dirigent une coalition patronale.

Le législateur du premier Empire a simplement
maintenu les dispositions légales antérieures tant
au point de vue civil qu'au point de vue pénal.
Il n'est que juste de le reconnaître.

C'est seulement en 1849 que la loi du 27 novembre efface toute distinction entre employeurs
et employés, supprime les mots « abusivement et
injustement » à propos des coalitions de patrons,
et fond en un seul les deux articles du Code
pénal pour mieux marquer l'égalité des devoirs
et la similitude des peines. De toutes façons, la
coalition, l'entente concertée, même non suivie
de refus de travail et d'emploi constituait encore
un délit. Nous connaissons, d'ailleurs la pensée
qui inspire à cette époque le législateur ; c'est

encore le souci de la liberté et la confiance dans
la justice de la cause qu'elle fait triompher. —
Telle est la puissance d'une idée que celle-ci
règne dans l'esprit de ceux qui succèdent
— soixante ans plus tard — aux législateurs philosophes de la Révolution. Voici en quels termes
M. de Vatimesnil exprimait, comme rapporteur,
l'opinion de la majorité de ses collègues (1).

« La Commission s'est demandé si la coalition
devait constituer un délit, lorsqu'elle n'était
accompagnée ni de menaces, ni de violences, ni,
en un mot, d'aucune des circonstances accessoi-
res énoncées dans le projet de M. Leblond.

« La majorité de la Commission a adopté l'af-
firmative.

« Dans l'état régulier et normal de l'industrie
et du commerce, deux éléments déterminent le
prix de toutes choses, y compris le travail. Ces
deux éléments sont :

1° La proportion entre les offres et les demandes ;

2° La concurrence, d'une part, entre ceux qui
font les offres et, de l'autre, entre ceux qui font
les demandes. Quand les éléments de la fixation
du prix agissent sans entraves, l'industrie, le
commerce, le travail sont *libres* et les prix s'établissent d'une manière vraie et loyale. Dans le
cas contraire, la *liberté* de l'industrie, du commerce et du travail est altérée et les prix devien-

_____

1. Rapport du 28 octobre 1849. 1re lecture le 11 novembre, 2e lecture le 16, 3e lecture le 26. Adoption le 27.

nent factices. Or, les coalitions ont pour effet manifeste de détruire ou de modifier les effets de la concurrence et de la proportion entre les offres et les demandes.

Elle sont donc contraires à la liberté du commerce, de l'industrie et du travail, et par conséquent à la constitution qui dans son article 13 garantit cette liberté. »

C'est exactement l'esprit du décret de 1791 voté sur la motion de Chapellier parlant au nom du comité de constitution :

« Si contre les principes de la *liberté* et de la constitution, des citoyens attachés aux mêmes professions, arts et métiers, prenaient des délibérations ou faisaient entre eux des conventions tendant à refuser de concert ou à n'accorder qu'à un moindre prix le secours de leur industrie ou de leurs travaux, lesdites délibérations ou conventions, accompagnées ou non de serment sont déclarées *inconstitutionnelles, attentatoires à la liberté et à la déclaration des droits de l'homme, et de nul effet*...... »

Cet argument de la liberté menacée qu'il faut faire respecter est encore invoqué par M. de Vatimesnil pour réfuter les objections opposées à cette doctrine qui restreint la liberté au nom de la liberté même. Le droit réservé et reconnu à chaque citoyen de refuser le travail n'implique-t-il pas la légitimité de la coalition ; ce qui est permis à chaque salarié devient-il criminel, lorsque plusieurs ouvriers exercent simultanément le même droit ?

L'argument sera utilisé plus tard par M. Emile Ollivier pour démontrer la légitimité de la coalition. Voici comment M. de Vatimesnil va le combattre en 1849 :

« Lorsqu'il y a une coalition établie pour exercer une pression, soit de la part des chefs d'atelier contre les ouvriers, soit de la part de ceux-ci contre les chefs d'atelier, la *liberté* de la concurrence et par conséquent la liberté constitutionnelle seront étouffées par cette coalition. Un tel fait ne saurait donc être toléré. Aussi conclure de la liberté que chacun a de négocier personnellement les conditions du travail à la faculté de former une coalition pour imposer à autrui ces conditions, c'est faire un raisonnement évidemment faux. C'est comme si du droit que chacun a de stationner sur la voie publique on tirait la conséquence qu'il peut se réunir à d'autres individus pour y former des attroupements. »

Cette théorie n'est pas la nôtre. Nous croyons que la coalition est un droit, mais rien ne nous permet de suspecter la parfaite sincérité des hommes qui l'ont interdite. Ils avaient derrière eux comme garants de leur libéralisme presque tous les hommes de la première Révolution.

Au moment où les législateurs de la seconde République maintenaient la prohibition des coalitions ouvrières et patronales, ils discutaient et se préparaient à voter toutes ces lois de solidarité sociale, de prévoyance, ou de réglementation du travail qui attestent l'esprit de philanthropie éclairée dont ils étaient animés :

Loi d'assainissement des logements insalubres
(13 avril 1850) ; loi sur les sociétés de secours
mutuels (15 juillet 1850) ; loi sur l'assistance judiciaire (22 janvier 1851) ; loi sur le contrat d'ap-
prentissage (22 février 1851), etc., etc.

Quinze ans plus tard, sous le second Empire devenu libéral, des pensées politiques inspirent une mesure toute contraire : la suppression du délit de coalition. Celui-ci disparaît de notre code le 25 mai 1864. Les entraves à la *liberté* du travail constituent seules une infraction nettement caractérisée et visée par la loi pénale.

« Loin d'être une restriction du droit de se coaliser, dit le rapporteur, ces prescriptions en sont la garantie. Que dirait-on du propriétaire qui croirait son droit compromis parce qu'on punit le vol ? C'est ce qu'il faudrait penser de ceux qui trouveraient la *liberté* de se coaliser menacée parce qu'on punit les violences et les fraudes. »

Il est bon et juste de noter ici un fait qui a souvent passé inaperçu. Le droit de coalition fut reconnu au moment même où l'on établissait la liberté des sociétés anonymes financières ou industrielles. Le groupement des forces ouvrières surtout visées par le législateur était la contre-partie du groupement des puissances représentées par les capitaux associés désormais librement sans autorisation préalable et sans surveillance administrative. Les intentions réfléchies et nettement exprimées des hommes d'État du second Empire visaient une plus grande liberté obtenue par une action collective que la Révolution avait entravée ou étouffée : action collective des capitaux groupés au moyen des initiatives individuelles ; action collectives des salariés abritant et multipliant la puissance individuelle grâce à la force de la coalition devenue un droit. Le gouvernement impérial reconnaît les dangers de l'individualisme révolutionnaire et semble répudier cette doctrine. Au dernier moment, il hésite. Le droit de coalition paraissait impliquer logiquement et nécessairement le droit d'association et de réunion. Napoléon III et ses ministres n'osent pas aller aussi loin dans la voie qu'ils ont, cependant, tracée et ouverte. Chose curieuse, ils se retranchent derrière la vieille théorie révolutionnaire qu'ils avaient combattue et repoussée pour autoriser la coalition ! C'est au nom de la liberté que M. Émile Ollivier maintient l'interdiction des associations professionnelles et du droit de réunion qui en est inséparable.

« L'association, dit-il, crée un intérêt *collectif* distinct de l'intérêt des associés ; la coalition donne simplement plus de force à l'intérêt *individuel* de chaque coalisé. L'association entre tous et un seul suscite l'être moral ; la coalition n'opère qu'un *rapprochement fortuit* entre des *individus* qui ne se fondent pas ensemble.

« *Dans l'association, la majorité arrête des résolutions qui lient ceux qui n'y ont pas pris part ou qui les ont combattues. Dans la coali-tion, l'adhésion de chaque individu est indispen-sable ; ceux-là seulement sont liés qui ont expres-sément consenti, et ils sont toujours les maîtres de retirer leur consentement.* Sans doute, l'asso-ciation peut s'unir à la coalition, en devenir le résultat, le moyen ou l'origine, elle n'en est pas l'élément essentiel. La coalition trouve en elle plus de force. Elle peut naître et agir sans elle (1). »

On le voit, l'homme d'État s'inspire ici de la théorie individualiste. L'Association suppose, dit-il, une *contrainte* exercée sur une *minorité* ; dans la coalition, au contraire, « ceux-là seule-ment sont liés qui ont expressément consenti, et ils sont toujours les maîtres de retirer leur con-sentement ». Le logicien fait tort au politique. Le gouvernement des hommes suppose comme règle autre chose que des abstractions. L'indi-vidualisme absolu des révolutionnaires trouvait son explication et son excuse dans la crainte du réveil de l'esprit corporatif. Les ministres de Napoléon III ne pouvaient pas invoquer cet argument.

Un passage du rapport de M. Emile Ollivier porte même la trace des préoccupations légitimes que doit inspirer l'isolement du citoyen en pré-sence des forces collectives qui se dressent devant lui.

1. Emile Ollivier. Rapport sur la loi de 1864. — *Démo-cratie et Liberté*, 1 vol. Paris, 1867 à la Librairie Interna-tionale.

Zolla 2

« Il n'est pas vrai, dit-il, qu'il n'y ait que des individus — grains de poussière sans cohésion — et la puissance collective de la nation. »

Ajoutons qu'il n'est pas davantage exact que dans la coalition : « Ceux-là seuls soient liés qui ont expressément consenti », et que ces derniers soient « toujours les maîtres de retirer leur consentement ».

M. de Vatismesnil écrivait en 1849 : « Ce n'est pas seulement sur le chef d'atelier que la coalition exerce cette contrainte, c'est aussi sur les ouvriers paisibles et qui voudraient continuer de travailler à des conditions raisonnables. Ils n'ont pas la *liberté morale* de rester en dehors de la coalition et de continuer à fréquenter les ateliers.

« Lors même qu'on n'a employé envers eux aucun moyen d'intimidation formel, le danger résulte à leurs yeux du fait même de la coalition, du nombre de ceux qui la composent, de l'agitation qu'elle produit et des passions qu'elle soulève. »

On peut vérifier presque chaque jour l'exactitude de ce tableau. L'intimidation et les violences caractérisent le plus souvent les faits de grève ou de simple coalition. La distinction subtile et toute philosophique de M. Emile Ollivier n'a donc pas de valeur. Ajoutons que la liberté accordée aux sociétés anonymes de se constituer sans autorisation rendait plus choquante l'interdiction des associations de salariés.

Il faut attendre vingt ans pour voir reconnaître et affirmer solennellement, dans un texte législatif, le droit d'association et de réunion. La loi du 21 mars 1884 proclame ce droit et crée l'organe que l'on a nommé *Syndicat professionnel*. Les syndicats sont même autorisés à former entre eux des unions. La vie ouvrière, les intérêts des employés, à tous les points de vue, trouvent là un organe, un centre, un instrument d'action ou de défense. Les patrons ont les mêmes droits et possèdent les mêmes armes.

Nous sommes arrivé au dernier période de l'évolution que pouvait comporter le contrat de travail considéré comme un accord de volonté intervenant après un débat individuel ou une lutte entre des collectivités auxquelles l'individu a pu s'agréger spontanément et librement.

Ce débat reste en effet individuel jusqu'en 1864; il devient une lutte collective après la reconnaissance du droit de coalition, et *a fortiori* après la promulgation de la loi de 1884 sur les syndicats professionnels. L'individualisme absolu de la Révolution est donc aujourd'hui condamné — au nom de la liberté qu'on invoquait encore, il y a quarante ans, pour en défendre le principe.

Il est dès à présent visible que la lutte va s'engager, et s'est même engagée déjà, sur un autre terrain. Sans parler des théories collectivistes et du socialisme d'Etat qui prépare leur succès, les organisations ouvrières tendent à s'inspirer du vieil esprit corporatif, exclusif et jaloux, contre lequel les hommes de la Révolution avaient lutté. La tyrannie syndicale, l'exclusion tant de fois réclamée des femmes ou des apprentis dans les ateliers qui peuvent utiliser avantageusement leurs services, la prétention parfois affichée ouvertement de n'agréger à un syndicat que les fils des syndiqués exerçant la même profession, bien des signes, enfin, marquent une tendance, un retour à l'esprit corporatif.

En étudiant sans parti pris les faits pour en dégager un enseignement, on acquiert, en outre, la conviction que les masses ouvrières ne savent pas encore user de la puissance si redoutable que leur confèrent les droits de coalition et d'association. Placées en présence des patrons, les collectivités ouvrières engagent un combat plutôt qu'une discussion. L'exercice du droit de grève — conséquence possible, mais non point nécessaire, du droit de coalition, est de plus en plus fréquent ; il s'accompagne trop souvent des violences les moins excusables, de l'oppression exercée par la majorité et même par la minorité sur la foule indécise ou effrayée des ouvriers laborieux. L'émancipation du salarié par la liberté des conventions et par le droit d'association ne saurait satisfaire les désirs impatients de tous ceux qu'irrite l'inégalité des conditions sociales. La cause de la liberté vraie, le triomphe de l'individualité sur le despotisme d'une autorité souveraine ou d'une majorité, cette grande et noble idée est chaque jour plus ardemment combattue par les hommes qu'elle a pour objet de protéger.

La foule des salariés ne se contente point des droits qui lui sont reconnus ; elle réclame ceux dont elle se croit encore dépouillée : droit au repos, droit au travail régulier tout au moins, droit au partage des immenses richesses qu'elle a créées, affirme-t-elle, et dont son salaire ne représente qu'une fraction dérisoire, sportule misérable que le capital distribue à ceux qu'il asservit. L'illusion la plus dangereuse est celle du salarié qui croit sincèrement à l'existence de ces richesses prodigieuses qu'il pourrait saisir si le « capitaliste », l' « agioteur », le « patron » ne les accaparait pas à son profit. L'ouvrier ne peut pas comparer sa situation présente à sa condition matérielle et à son rang social il y a cinquante ans, il y a un siècle. Ce ne sont pas, d'ailleurs, des comparaisons qui peuvent satisfaire les appétits, apaiser la soif d'égalité, nourrir la faim des plus malheureux ; il faut des réalités et des satisfactions immédiates ; il faut une proie et des dépouilles. Cette proie c'est le capital ; ces dépouilles ce sont les gains des classes dirigeantes au profit desquelles se sont faites, dit-on, toutes les révolutions politiques. Notez que l'ouvrier a chaque jour sous les yeux ce capital, dans son atelier ou son usine, dans la forêt ou dans la ferme. Le gain de l'entrepreneur, il le voit, et il le touche du doigt, c'est le coffre-fort, la maison du patron, son luxe... Jamais ces images ne s'effacent; l'imagination de l'homme qui souffre d'une inégalité visible n'en cherche pas la cause.

IV

C'était notre devoir que de noter les traits saillants de cette situation et de marquer les tendances de la démocratie ouvrière, les entraînements qu'elle subit, les mirages dont elle est victime. Ces tendances on les exagère, ces entraînements on paraît les légitimer, ces illusions on les entretient en étalant complaisamment sous nos yeux les misères qui attestent, dit-on, une mauvaise organisation de la société. L'ouvrier a vécu depuis la Révolution « bourgeoise » de 1789 sous un régime d'oppression économique. La législation civile semble ignorer l'existence des salariés.

« Il faut bien le reconnaître, dit M. A. Béchaux (1), le Code de 1804 sur le louage des services est absolument défectueux. Quelques articles généraux pour un contrat qui, chaque jour, s'applique à des millions d'hommes, voilà tout ce que nous offre la loi alors qu'elle règlemente minutieusement tous les autres contrats. La situation de l'ouvrier n'a pas été prévue par le Code civil. De là des difficultés de tout ordre. »

1. *Les Revendications ouvrières*, 1 vol., 1894.

Un jurisconsulte, M. Glasson, avait déjà déclaré courageusement en 1880 devant l'Académie des Sciences morales que toute la partie du louage d'ouvrage devait être reprise puisqu'elle était incomplète. Le même professeur insistait encore sur ce point tout dernièrement.

« Il nous faut un second Code, disait-il. Ce Code du travail doit être inspiré par l'esprit de justice, de sorte que ces deux Codes loin d'entrer en conflit l'un avec l'autre, se compléteraient réciproquement et se joindraient comme les deux mains du corps social pour apprendre à tous leurs devoirs et assurer le respect de leurs droits. » (1).

Le Parlement français a constaté une lacune dans notre Code civil; la Chambre des députés a chargé une Commission spéciale d'étudier les projets de loi portant codification des lois ouvrières.

Dans son très intéressant rapport, M. Charles Benoist (2) disait récemment, au nom de cette Commission parlementaire :

« Il faut faire ce que le Code civil n'a pas fait. »

Ainsi l'œuvre législative accomplie depuis plus d'un siècle est considérée aujourd'hui comme insuffisante... ou mauvaise.

Avant de nous croire autorisé à la condamner

1. Discours de M. Glasson à l'occasion de la célébration du centenaire du Code civil.

2. Doc. parl., n° 2262, session de 1905. Rapport au nom de la Commission du Travail chargée d'examiner le projet de loi portant modification des lois ouvrières.

il nous semble bon d'en apprécier les résultats. Il y a lieu de se demander comment s'est transformée la condition du salarié sous le régime de l'article 1780 du Code civil et malgré les entraves apportées longtemps aux coalitions et aux grèves. Il est nécessaire de savoir ; il sera bon, et courageux d'affirmer au besoin que l'amélioration de la condition matérielle de l'ouvrier n'a pas été retardée par l'hostilité égoïste de la classe qui a rédigé ce code « bourgeois et non populaire » (1).

Sous l'empire de ce Code, sous le régime de la liberté des contrats, est-il vrai que la répartition des richesses soit injuste et mauvaise ?

Peut-on affirmer, au contraire, que la production des richesses était et est encore insuffisante ?

C'est là, pour nous, le problème attachant entre tous. Il s'agit de savoir si le salarié ne se fait pas illusion en affirmant sans preuves que la masse des richesses produites et autrement distribuées assurerait à tous le bien-être et les loisirs qu'ils ambitionnent. Il s'agit de savoir si un Code différent, plus juste et plus humain, n'aurait pas depuis longtemps servi ses intérêts et élevé sa condition.

1. Glasson.

LA CONDITION DE L'OUVRIER SOUS LE RÉGIME DE LA LIBERTÉ DES CONTRATS DE TRAVAIL

La législation révolutionnaire a brisé les corporations. Elle a affranchi mais isolé l'ouvrier. Elle prohibe en même temps l'association et la coalition. Par l'obligation du livret, la loi du 22 germinal an XI permettait de suivre l'ouvrier et de lui interdire au besoin l'entrée de tout nouvel atelier s'il n'avait pas acquitté les dettes contractées à l'égard du précédent employeur.

Le premier Empire, la Restauration et le Gouvernement de Juillet ne changèrent rien à cette législation. Les textes du moins ne furent pas modifiés. Ce régime, on l'a condamné au nom de la liberté violée et de l'égalité méconnue.

M. Bureau dans son livre sur le contrat de travail (1) croit même devoir le flétrir : « Telle fut, dit-il, la législation du premier Empire : On ne la juge pas trop sévèrement, semble-t-il, en disant qu'elle doit être rangée à côté des lois qui déshonorent le plus les annales de nos gouvernements. Le livret était à la fois un instrument de servitude et de police. Lorsqu'un patron pouvait

1. P. Bureau. *Le Contrat de travail.* 1 vol. Alcan, 1902.

faire accepter à un ouvrier des avances de quelque importance il le tenait sous sa domination
absolue. Il pouvait, ou le renvoyer, et alors l'ouvrier se trouvait dans l'impossibilité de travailler
faute d'un patron qui consentît à se porter garant
de la dette inscrite, ou le retenir tant qu'il ne
s'était pas complètement acquitté de sa dette.

« Le stratagème était simple, on le voit : La
concurrence et la loi des salaires ne pouvaient
permettre au patron de négliger un moyen si
facile de se procurer du travail à bon marché. »
Nous n'approuvons nullement les atteintes por-
tées à la liberté d'association ; nous considérons
la prohibition des coalitions comme une violation
d'un droit et comme une faute politique. L'institution du livret est visiblement due à l'esprit de
méfiance dont les hommes de la Révolution
comme ceux du premier Empire étaient animés à
l'égard de la classe ouvrière des villes.

Il faudrait, pourtant, se rendre compte des
circonstances, du milieu, des *applications effec-
tives de tous ces textes* avant de déclarer que la
législation révolutionnaire déshonore les annales
de nos gouvernements.

Condamnons les formules, soyons, toutefois,
très circonspects en ce qui concerne les résultats.
La législation relative au livret ne s'appliquait
qu'aux ouvriers des villes et en particulier à
ceux de la grande industrie ; les ouvriers agricoles beaucoup plus nombreux n'étaient pas assu-
jettis à cette obligation. Nous ignorons absolument dans quelle mesure la loi était appliquée.

Lorsque le gouvernement impérial fit faire une enquête à ce sujet, en 1868, les tribunaux et les chambres de Commerce répondirent fort souvent que la loi était tombée en désuétude et cependant le texte du 22 juin 1854 avait singulièrement adouci les rigueurs de la réglementation de l'an XI puisque le livret restait, dès lors entre les mains de l'ouvrier.

Nous ne savons pas davantage dans quelle mesure le livret avait pu contribuer à déprimer les salaires ou à limiter la hausse qui se serait produite sans l'existence de ce que M. Bureau appelle : « un instrument de servitude ».

La prohibition des coalitions et la faculté laissée en fait aux patrons de se concerter librement ne sauraient être plus exactement connues et appréciées au point de vue de leurs résultats.

Il est naturel de protester contre toute entrave apportée à l'exercice d'un droit, et la coalition des salariés nous paraît avoir ce caractère, mais il y a loin de cette protestation légitime à l'affirmation catégorique des résultats nécessaires et de la répercussion fatale de toute prohibition des coalitions sur la condition matérielle des ouvriers.

Comme on l'a fait remarquer bien souvent, la hausse des salaires nominaux et réels n'a pas été obtenue seulement dans les industries où les « séditions » ouvrières ont été le plus souvent observées et où les grèves sont devenues fréquentes depuis que la loi ne les prohibe plus. Sans nul doute, on répond à cette argumentation en soutenant que ce sont les ouvriers coalisés qui ont précisément déterminé par leurs exigences une hausse générale s'étendant aux industries mêmes dont les salariés n'étaient pas entrés en lutte avec les employeurs. C'est là encore une hypothèse. On suppose que les ouvriers les moins bien payés ont trouvé un emploi plus lucratif de leur activité en se portant vers les ateliers privilégiés où le salarié avait su provoquer la hausse du prix de la journée de travail. Pour obtenir ce résultat il eût fallu que les industries privilégiées offrissent un débouché presque illimité au personnel des autres ateliers ; il faudrait surtout que cette mobilité de la masse ouvrière pût être réalisée grâce à la généralisation de l'instruction technique. Or, la spécialisation de cette instruction rend précisément très difficile et très lente l'éducation de l'ouvrier qui change de métier. Enfin, il n'est pas démontré que les industries dont le personnel use le plus souvent des coalitions soient précisément celles qui offrent aux ouvriers les salaires les plus élevés.

Un ouvrier de fabrique gagne-t-il plus qu'un ouvrier agricole ? Cette question paraît audacieuse ou étrange ; il est soi-disant notoire que les salaires agricoles restent inférieurs à ceux de l'industrie. Ce sont là encore des affirmations générales en contradiction avec les faits dans beaucoup de cas.

Avant de généraliser et de conclure hâtivement, il y aurait lieu d'étudier les réalités, de noter des « espèces » comparables et de tenir compte de toutes les circonstances qui modifient les « apparences », les « moyennes » et les « opinions » généralement acceptées comme des vérités établies.

Nous aurons soin de passer en revue toutes ces questions, mais il en est une dont l'intérêt s'impose à notre attention et qui doit être étudiée avant toute autre : c'est la marche des salaires durant la longue période qui comprend la fin du xviii° siècle et le xix° siècle tout entier.

Comment a varié la rémunération du travail manuel, sous le régime de la liberté des contrats, ou après la loi de 1864 qui a proclamé le droit de coalition ?

Nous allons essayer de l'indiquer.

LA MARCHE DES SALAIRES

de 1790 à 1900

Première Période (1789-1815)

Nous sommes mal renseigné, à la vérité, sur la marche des salaires industriels ou agricoles à la fin du XVIIIe siècle ou pendant les quinze premières années du XIXe. On peut trouver, toutefois, de précieuses indications dans l'ouvrage de M. Levasseur sur l'histoire des classes ouvrières, et dans la série d'études détachées publiées par *l'Economiste Français*, de 1874 à 1876, sous la signature de M. de Foville.

Voici comment M. Levasseur résume les données statistiques qu'il a pu recueillir (1).

« On estimait à 1 livre la nourriture d'un ouvrier à Evreux en 1789 et à 1 fr. 20 en 1801, prix qui semble un peu trop élevé. Aussi le journalier qui gagnait 1 fr. 50 en 1789, exigeait-il 2 francs sous le Consulat. Une augmentation est constatée sur divers points ; dans les verreries de la Moselle, le salaire moyen qui ne représentait

---

1. *Histoire des classes ouvrières de 1789 à 1870 t. I.,* p. 499 et 509.

guère auparavant que o fr. 75 fut porté à o fr. 90 et à 1 franc : dans les faïenceries, il variait entre o fr. 75 et 1 fr. 20 ; dans les forges, le mineur avait de o fr. 50 à 2 fr. 25; le bûcheron de o fr. 90 à 1 fr. 80 ; le maître fondeur de 1 fr. 50 à 1 fr. 80 ; le manœuvre de o fr. 80 à 1 franc.

« Une comparaison des salaires dans le département du Pas-de-Calais dressée par le préfet porte, pour les journaliers non nourris, à la campagne, o fr. 74, en 1789, et 1 franc en l'an IX, et à la ville o fr. 90 et 1 fr. 20 ; pour les ouvriers de la draperie à Desvres, 1 franc. en 1789 et 1 fr. 25 en l'an IX ; pour ceux de Saint-Omer, o fr. 75 et 1 franc.

« Dans le département du Nord, un fileur au grand rouet pouvait, en filant 1 kilogramme de laine dans sa journée, gagner 1 fr. 05 en 1789 et 1 fr. 75 en 1804.

« Dans l'Orne, on évaluait le salaire de l'ouvrier des forges de o fr. 90 à 1 fr. 10 en 1789 et de 1 franc à 1 fr. 10 en l'an IX, et celui du tisserand à o fr. 60 et o fr. 75, mais dans ce département, les marchandises avaient renchéri à peu près autant. »

M. de Foville a relevé quelques salaires, notamment ceux des maçons, tailleurs de pierre, des menuisiers et charpentiers (1).

Il constate lui aussi une hausse des salaires nominaux. Ainsi le maçon qui gagnait 2 fr. 50 vers 1789 pour douze heures de travail, obtenait

1. *Économiste français*, no du 5 février 1876.

3 fr. 25 de 1804 à 1810 bien que la journée ne fût plus que de dix heures.

La rémunération du menuisier et du charpentier s'élevait aussi de 2 fr. 25 à 3 fr. 25 avec la même réduction de durée du travail exigé.

Dans les campagnes, M. de Foville estime que le gain journalier ou annuel du travailleur manuel, s'était accru de 1789 à 1815. Il indique les chiffres suivants tant de fois cités depuis :

	Prix de journée d'un homme	Revenu annuel d'une famille
1788	o fr. 60	.200
1813	1 » 05	400

Sans doute bien des raisons expliquent cette hausse et celle des salaires industriels relevés par M. Levasseur.

« La conscription, dit l'éminent professeur, faisait aux ateliers une rude concurrence, enlevant la jeunesse qu'elle enrégimentait et que depuis 1808, elle ne rendit plus au travail... Aussi, les jeunes gens possédant quelque instruction, les ouvriers doués de quelque habileté, étaient-ils fort recherchés... »

Sans doute aussi l'on doit tenir compte des longs chômages que les troubles prolongés, la guerre et l'insécurité des transactions commerciales ont certainement entraînés dans toutes les industries, sauf en agriculture.

D'un autre côté, il y a lieu de signaler comme

cause déprimante des salaires, l'effroyable consommation de capitaux qu'avait provoquée la Révolution et qu'entraînèrent les guerres de l'Empire. Non seulement les capitalistes effrayés hésitaient à hasarder leurs épargnes dans des placements industriels ou commerciaux, mais les capitaux eux-mêmes faisaient défaut. L'Empire n'a jamais pu réussir à calmer les appréhensions des financiers, ou à triompher de leurs défiances justifiées. Le cours des rentes répond à ces craintes ; sa faiblesse est expliquée en même temps par la médiocrité des capitaux disponibles.

Néanmoins, nous l'avons vu, les salaires augmentent dans les villes comme dans les campagnes. M. Levasseur et M. de Foville ne nous signalent pas une exception à cette règle. Dans sa statistique élémentaire de la France, Peuchet (1) indique une moyenne générale pour la journée de travail d'un ouvrier des arts et métiers « depuis la couturière jusqu'au bijoutier » et il précise la hausse que nous signalons en disant que cette moyenne du salaire s'élève à 1 fr. 50 dans les premières années de l'Empire, alors qu'elle ne dépassait pas 1 franc avant 1789. L'augmentation de la rémunération du travail manuel est donc un fait général. Il s'agit, sans doute ici, du salaire nominal ; le prix des subsistances avait augmenté, et les salaires réels ne se sont pas élevés dans la même proportion. Les

1. Cité par M. Levasseur.

mêmes faits peuvent être constatés sous le règne de Louis XVI. A cette époque la hausse des subsistances avait même été singulièrement plus rapide que durant la période 1789-1814. L'augmentation générale des salaires déjà signalée par A. Young a donc réellement continué à se manifester durant un quart de siècle après la chute de l'Ancien régime. Il s'est produit une sorte d'équilibre entre la hausse du prix des denrées et celle des salaires, phénomène qu'on peut signaler à une autre époque et que nous aurons bientôt l'occasion d'observer de 1850 à 1860 (1).

En tous cas, il nous paraît résulter de l'ensemble des faits observés que le régime de l'individualisme inauguré par la Révolution, la liberté des contrats de travail qu'elle a prescrite et défendue, la prohibition des coalitions ou des associations ouvrières qu'elle a édictée, n'ont pas eu pour effet d'arrêter le mouvement de hausse qui avait élevé le niveau des salaires à la fin de l'Ancien régime. La condition matérielle de la classe ouvrière s'est améliorée, en dépit de toutes les entraves apportées par les événements politiques au développement de la richesse générale. Cette richesse était encore trop médiocre pour que la hausse des salaires eût plus d'ampleur.

Le principal des éléments du revenu national, la production agricole, n'avait pas subi ces transformations profondes qui résultèrent plus tard de

---

1. Voir à ce sujet les remarques déjà faites par M. Levasseur dans son livre sur *La Question de l'Or* (1858).

l'emploi de méthodes nouvelles et d'applications fécondes des découvertes scientifiques.

Nous avons interrogé sur ce point des spécialistes en agronomie dont les patientes recherches ne laissent aucun doute dans notre esprit. Sans nier ou affaiblir la portée des améliorations de détail (1) déjà indiquées, vulgarisées, et si souvent vantées sous l'Ancien régime, il est impossible de leur attribuer une action décisive sur l'accroissement de la masse des denrées alimentaires ou des matières premières disponibles.

Léonce de Lavergne exprime la même opinion dans son livre classique sur l'*Economie rurale de la France*.

« D'après Lavoisier, dit-il (2), le produit total (produit brut) de l'agriculture en 1789 était de 2 milliards 750 millions. J'admets cette évaluation qui me paraît exacte ; j'en retrancherai seulement 150 millions pour tenir compte de quelques exagérations...

« La somme totale des produits obtenus par

1. Extension de la culture des pommes de terre, de la betterave à sucre ; amélioration des troupeaux et notamment des moutons à laines fines, augmentation probable du nombre des petits propriétaires. M. Levasseur, a d'ailleurs, résumé avec soin, les progrès sans insister sur leurs conséquences qu'il sait être médiocrement importantes. En fait, la jachère réduisait la surface cultivée, les prairies artificielles étaient très rares, les rendements des céréales partout ou presque partout, très faibles. La physiologie végétale et la zootechnie étaient inconnues.

2. *Economie rurale de la France*, Introduction, p. 42 et 49.

l'agriculture aurait été alors de 2 milliards 600 millions.

« Nous possédons également sur l'état de l'agriculture à la fin de l'Empire un document d'une autorité suffisante dans l'ouvrage de Chaptal, *De l'Industrie Française*, publiée en 1818...

« En ramenant les deux statistiques à des bases communes, on trouve pour le produit total annuel de l'agriculture à la fin de l'Empire un peu plus de 3 milliards ; ce produit ne se serait alors accru que de 500 millions en vingt-cinq ans et il est probable que l'augmentation tout entière avait été obtenue sous le Consulat. La République et l'Empire n'auraient rien ajouté à la richesse territoriale de la France (1). »

M. de Lavergne ne fait même pas remarquer que le produit brut agricole *évalué en argent* s'est accru de 1789 à 1815 par suite de la hausse incontestable des prix. L'augmentation de cet élément de la richesse nationale est donc inférieure à ce qu'elle paraît être, car il s'agit ici

______

1. M. de Lavergne ajoute : « L'industrie s'était développée plus vite, mais sans faire encore de bien grands pas. Un document fort curieux, retrouvé par M. Moreau de Jonnès dans ses infatigables recherches sur l'*Histoire de la statistique*, et qui émane de M. de Tolosan, alors inspecteur général du commerce, nous apprend que le produit total de l'industrie française en 1789 pouvait être évalué à 930 millions, y compris la valeur des matières premières. En 1812, M. de Montalivet porte le produit correspondant *pour les quatre-vingt-six départements de l'ancienne France* à 1325 millions. Augmentation, 400 millions seulement. » Voir sur ce point. Levasseur, *Histoire des classes ouvrières*, t. I. p. 625.

d'évaluer l'accroissement des quantités produites et non pas seulement des valeurs exprimées en francs.

Le développement de la production des subsistances ou des matières premières industrielles a donc été très médiocre durant la période 1784-1815 ; d'autre part, l'amélioration des voies de communication, ou l'augmentation des échanges internationaux ne venaient pas contre-balancer ou effacer l'action persistante de cette insuffisance de la production. Les progrès de l'outillage industriel ont donc permis uniquement de réaliser des économies dans les frais de transformation. La masse des matières transformées, s'est faiblement accrue.

Ces augmentations des produits obtenus exercent, cependant, une influence, décisive sur le développement de la richesse générale, et ce sont elles précisément qui peuvent expliquer, à toute époque, l'amélioration de la condition des populations ouvrières.

Les illusions trop répandues sur la *productivité* de l'industrie et du machinisme (1), ne sauraient nous faire perdre de vue cette vérité.

Autant il serait puéril de nier l'influence heureuse de tous ces progrès, autant il serait dangereux de l'exagérer. A la fin du xviiie siècle et pendant les quinze premières années du xixe, la richesse

1. Voir à ce sujet quelques chapitres très remarquables des ouvrages de M. P. Leroy-Beaulieu dans un *Traité d'économie politique* (1896) et dans son ouvrage sur la *Répartition des richesses*.

générale produite et distribuable n'a que médiocrement augmenté, et c'est là — pour nous — qu'il y a lieu de chercher la raison des lenteurs avec lesquelles le salaire s'est accru dans la période suivante, c'est-à-dire au moment où la population ouvrière n'a plus été décimée loin des ateliers. Pendant l'Empire, la rareté de la main-d'œuvre, si justement signalée par M. Levasseur, a provoqué la hausse. Après 1815, cette cause cesse d'agir et les salaires restent stationnaires. Au même moment, la hausse du prix des subsistances est soudain suspendue ; la baisse est même signalée et le régime protecteur inauguré sous la Restauration a pour objet d'en combattre les effets.

Ce sont les phénomènes économiques que nous allons précisément étudier dans les pages suivantes.

Deuxième Période (1815-1848)

Durant cette période, la législation qui règle le contrat de travail, la coalition, l'association et le livret ouvrier n'a point été modifiée. Sous l'empire de ces même lois, les salaires s'étaient élevés de 1790 à 1815 ; au contraire, ils restent presque stationnaires où s'accroissent lentement, très lentement, de 1815 à 1848.

A l'occasion de l'Exposition de 1900, l'Office du travail a publié un graphique qui représentait la marche des salaires industriels au XIXe sièelc. En ramenant à 100 les chiffres de 1806 on trouve :

```
1806        .......  100
1824-1833.......  109
1840-1845.......  117
```

La hausse n'est que de 17 o/o à partir de 1806, et de 8 o/o seulement pendant les vingt années qui s'écoulent entre 1824 et 1845. Ce sont là des salaires nominaux. Le coût de la vie parait s'être élevé. L'Office du travail propose des chiffres relatifs, des index-numbers, que nous ramenons à 100 pour les années 1804-1813 ;

```
                        Coût de la vie
                            —
1804-1813.........  100
1804-1823.........  108
1824-1833.........  115
1834-1843.........  115
```

Ainsi l'accroissement des dépenses annule l'augmentation du salaire nominal ; les salaires réels restent stationnaires !

Les chiffres recueillis par M. Levasseur avec tant de soins et de persévérante attention, ne contredisent pas cette conclusion bien qu'ils donnent une impression moins pessimiste.

En parlant de la Restauration — l'auteur résume sa pensée de la façon suivante : « Le salaire parait avoir continué à s'élever *quelque peu,*

1. *Histoire des classes ouvrières,* t. I, p. 665.

dans certaines industries démentant les prédictions sinistres de ceux qui voyaient dans les machines la ruine de l'ouvrier (1). »

Sans doute, il se produit une certaine augmentation sous le règne de Louis-Philippe, mais les faits et les chiffres relevés par divers statisticiens ou administrateurs, accusent des différences extrêmes selon les professions et les régions. A Paris, les salaires augmentent, comme M. Levasseur le démontre à propos des maçons, des menuisiers et des charpentiers. A Autun (1), ils restent stationnaires bien qu'ils s'élèvent, paraît-il, à Mulhouse ; ils ne changent guère dans la Loire, ou même ils diminuent ; c'est ce que l'on a constaté en étudiant la situation de certaines catégories d'ouvriers comme ceux des fabriques de mousseline (1). M. Paul Leroy-Beaulieu confirme même les opinions pessimistes en disant (2) : « Il faut beaucoup de temps pour qu'un nouveau phénomène social (développement de la grande industrie), cesse d'être perturbateur, pour qu'il ne produise que des effets réguliers et heureux. De 1800 à 1840 ou 1850, la grande industrie n'avait pas trouvé encore l'organisation qu'elle devait avoir ; elle faisait des victimes, elle abusait des forces de l'homme ; on pouvait croire qu'elle devait l'abâtardir et l'asservir. »

1. Levasseur, *op. cit.*, p. 262-263, etc. *Histoire des classes ouvrières*, t. II (1789-1870).

2. P. Leroy-Beaulieu, *Essai sur la répartition des richesses*, p. 409, 2e édit., 1883.

La même situation pouvait être observée en Angleterre, et, nous cherchons si peu à la dissimuler, que nous allons citer les chiffres qui attestent la stagnation des salaires industriels tels que ceux des ouvriers des *filatures de coton* :

Dans son remarquable travail sur la *Grande Industrie*, Schulze-Gavernitz indique les moyennes suivantes (1) :

	Salaires annuels par ouvrier
1819-1821.............	26 £. 13 sh.
1829-1831.............	27 £. 6 sh.
1844-1846.............	28 £. 12 sh.

Il est donc visible que les salaires n'avaient pas augmenté d'une façon sensible.

Que s'est-il passé à la même époque dans les campagnes où la marche des salaires est tout aussi intéressante à observer ?

M. de Foville note une augmentation, mais cette élévation est très médiocre par rapport à celle que l'on avait observée durant la période précédente.

	Prix de la journée d'un homme	Revenu par an d'une famille
1788	o fr. 60	200 fr.
1813	1 o5	400
1840	1 3o	500
1852	1 42	550

1. *La Grande Industrie*, par Schulze-Gavernitz, p. 144, 1 vol. Paris, Guillaumin, 1896.

Nous trouvons ailleurs la confirmation de cette tendance à la stagnation ou à une faible augmentation des salaires ruraux. Voici les variations des gages dans une ferme de l'Orléanais :

Gages de domestiques ruraux (1)
(Salariés nourris)

	1810 20	1821-30	1831-40	1841-50
	fr.	fr.	fr.	fr.
Premier charretier	270	290	300	320
Deuxième —	200	230	250	280
Troisième —	150	170	180	200
Quatrième —	100	105	110	120
Première servante	135	150	160	180
Deuxième —	90	160	110	120

Les chiffres suivants se rapportent à des exploitations situées dans les Ardennes :

	1826	1830	1835	1840	1845
Premier charretier	235	250	270	275	285
Deuxième —	140	160	165	170	190
Berger-vacher	125	135	150	160	180
Travailleur aux champs	135	135	150	155	170
Servante	110	125	140	130	145

1. D. Zolla. *Etude d'Economie rurale*, Paris, 1896. Masson, p. 430.

Ici encore les gages s'élèvent lentement pendant une période de vingt années. Ils augmentent, cependant, tandis que les salaires industriels paraissent rester stationnaires. Dans les campagnes, pas plus que dans les ateliers, les coalitions, les grèves, et les règles relatives aux contrats de travail n'avaient exercé une action appréciable ou possible sur les variations du prix de la journée de l'ouvrier. Il est même ici bien difficile de soutenir — comme on le fera plus tard — que c'est l'entente concertée des ouvriers industriels qui relève le niveau moyen des rémunérations et la condition matérielle des « travailleurs » — le *standard of life* — comme disent les Anglais.

Au moment où Sismondi, Blanqui, Villermé, et tant d'autres auteurs, signalent la dépression des salaires des manufactures et les abus criminels de l'exploitation de l'employé par l'employeur, les ouvriers agricoles gagnaient plus que beaucoup d'ouvriers industriels et voyaient même leurs gains augmenter.

La marche différente des salaires agricoles et industriels — tels que nous les avons notés — est en contradiction formelle avec l'hypothèse admise des influences exercées par l'attraction des hauts salaires manufacturiers et urbains sur le phénomène de l'émigration des campagnes vers les villes.

Il est évident, d'autre part, que la hausse légère, mais croyons-nous certaine, des salaires ruraux ne peut pas être attribuée à une coalition des forces

ouvrières dans les campagnes ou à des modifications quelconques au contrat de travail habituel-
lement et traditionnellement accepté.

Deux faits économiques et sociaux de le plus
grande importance, expliquent probablement la
stagnation des salaires industriels et la marche
ascensionnelle très lente des gages agricoles.

Les guerres de la République et de l'Empire
avaient décimé la population et privé, notamment
les ateliers ou les fermes, des travailleurs actifs
qui leur étaient indispensables. La hausse de tous
les salaires de 1789 à 1815 doit être sans doute
attribuée à une extraordinaire diminution de l'offre de travail.

De 1815 à 1848, la population s'accroît au contraire avec rapidité, et les statisticiens ont maintes fois signalé cette loi de compensation qui a
pour effet de relever le chiffre des naissances
après les grands désastres (1) qui ont augmenté
brusquement le chiffre des décès.

En fait, on constate, de 1821, date du premier
dénombrement officiel et sérieux, jusqu'à 1846,
les variations suivantes de la population française (2) :

1. Voir Levasseur, *Histoire de la natalité française*, 1886
(Société de statistique).

2. Levasseur, « La Population française »; de Foville : *La
France économique.*

$$
\begin{array}{lll}
1821\ldots & 30.462.000 & \text{habitants} \\
1826\ldots & 31.859.000 & » \\
1831\ldots & 32.569.000 & » \\
1836\ldots & 33.541.000 & » \\
1841\ldots & 34.250.000 & » \\
1846\ldots & 35.402.000 & » \\
\end{array}
$$

En vingt-cinq ans, le nombre des Français s'était accru de 5 millions d'une façon absolue. C'est là un phénomène démographique dont la valeur sociale ne saurait être niée.

Bien que la loi de l'offre, et de la demande soit un truisme ou une vérité lapalissienne (1) en ce qui concerne les variations des salaires, personne ne saurait douter que l'augmentation brusque de la population ouvrière soit une cause de dépression du prix de la journée de travail. Cette action a pu être d'autant plus active, après les guerres de l'Empire que la masse des capitaux épargnés et placés dans l'industrie était plus faible. M. Levasseur dit à ce propos dans son *Histoire des classes ouvrières* (2) :

« Quel était le rapport exact de la richesse industrielle de la France en 1789 et en 1830 ? Nul ne saurait le dire avec précision : mais il est vraisemblable que la société nouvelle, quoique ayant un plus vigoureux essor, grâce à la science et à la liberté, ne possédait pas encore sous la Restaura-

1. Voir Leroy-Be... ... la répartition des richesses, 2° éd., p. 379

2. T. I., p. 625 (1789-1870).

tion un capital matériel beaucoup plus considérable que la société du temps de Louis XVI. »

Cette augmentation ou plutôt cette reconstitution très lente des capitaux gaspillés sous la Révolution et le premier Empire constitue précisément le second fait social qui explique sans doute la lenteur de la marche ascensionnelle des salaires.

On nous opposera, il est vrai, les statistiques qui démontrent l'accroissement de la richesse correspondant à ce que l'on nomme les annuités successorales.

Nous nous faisons un devoir de mettre cet argument en lumière pour que l'objection dont nous parlons ne perde rien de sa force.

Le total des successions et celui des donations, constituant en général une avance d'hoirie, sont indiqués par les chiffres suivants :

1830.....	1,916	millions de francs
1835.....	2,059	»
1840.....	2,216	»
1845.....	2,444	»

En réalité cette progression n'accuse pas un développement énorme de la richesse générale, puisque de 1830 à 1845 l'augmentation constatée ne dépasse pas 528 millions pour le total annuel.

Ce que le public comprend mal et ce que le public ouvrier ne comprend pas, c'est que l'accroissement de la production et de la richesse partageable, doit être très considérable pour que l'on puisse relever les salaires d'un nombre d'ouvriers qui est toujours énorme par rapport à ce dividende annuel représenté par la richesse produite.

La productivité du travail des salariés doit être accrue dans des proportions à peine croyables, pour que la rémunération individuelle puisse augmenter sans faire disparaître l'intérêt des capitaux engagés et les profits de l'entrepreneur.

A l'époque dont nous parlons, ni l'industrie, ni l'agriculture n'étaient assez productives pour supporter la charge d'un relèvement notable des salaires.

Bien loin que le machinisme puisse être accusé d'avoir provoqué la baisse ou la stagnation des salaires industriels, il est très vraisemblable que l'insuffisance de cet outillage mécanique ne permettait pas encore au travail manuel d'acquérir une productivité suffisante pour qu'il reçût une ample rémunération.

L'auteur que nous avons déjà cité, Schulze-Gavernitz, cite un exemple typique de l'accroissement de la productivité du travail humain et de ses conséquences au point de vue du salaire, lorsque les perfectionnements de l'outillage ont développé sa puissance.

Périodes	Capacité de l'ouvrier en livres de coton travaillé	Coût de la main-d'œuvre par livre	Salaire annuel
	livres	pence	£
1819-1821	322	15,5	20,18
1829-1831	521	9	19,8
1844-1846	1.658	3,7	24,10
1850-1861	3.206	2,9	30,15

Il s'agit du tissage du coton en Angleterre (1).

L'auteur, commente ce tableau en disant :

« Le progrès technique dans le tissage a déterminé un accroissement de la production par ouvrier et, comme conséquence un abaissement du tarif à la pièce. Par conséquent, comme pour la filature, les salaires hebdomadaires des ouvriers se sont élevés.

« Quant aux irrégularités apparentes de ce tableau, elles s'expliquent par la décadence du tissage à la main qui s'y trouve compris. C'est à cela qu'il faut attribuer l'abaissement du salaire annuel entre 1820 et 1830. »

Un autre exemple emprunté à l'histoire du tissage aux États-Unis n'est pas moins suggestif; il s'agit de la fabrication du drap dans le même établissement de 1830 à 1870.

1. *Loc. cit.*, p. 161.

Années	Production par ouvrier	Prix de la main-d'œuvre par yard	Salaire annuel par ouvrier
	yard	cent.	dollars
1830	4,3	1,9	164
1850	12,1	1,5	190
1870	19,2	1,2	240

Indépendamment des autres causes qui ont pu agir sur la marche des salaires, ceux-ci paraissent, ici encore, visiblement liés à la productivité du travail, grâce au perfectionnement de l'outillage. Dans l'un et l'autre cas, l'augmentation de la rémunération de l'ouvrier ne se produit qu'au moment où la productivité de son travail dépasse tout ce que l'on pouvait prévoir auparavant.

Enfin, d'autres faits également typiques, cités par Schulze-Gavernitz, mettent en pleine lumière l'influence de cette productivité du travailleur industriel sur le prix de sa journée.

Il s'agit de la fabrication du calicot imprimé ordinaire (1) :

1. Schulze-Gavernitz, *loc. cit.*, p. 163.

	Production hebdomadaire par ouvrier	Coût par yard	Salaires par semaine et par ouvrier
	yards	pence	sh.
Suisse et Allemagne..	466	0.303	11.8 d.
Angleterre .	706	0.275	16.3
Amérique ..	1.200	0.200	20.3

Les différences des salaires paraissent ici encore, liées étroitement à la puissance productive du travail. La rémunération augmente tandis que le coût par unité produite diminue.

Les tarifs douaniers prohibitifs votés par les représentants de la bourgeoisie industrielle de 1815 à 1848 ont fort probablement retardé la transformation de l'outillage mécanique, et l'élévation de la condition matérielle des ouvriers.

La réduction des prix, imposée par la concurrence, était obtenue par la dépression du prix de la journée de travail au lieu d'être le résultat d'une diminution des frais de main-d'œuvre par unité produite. C'est bien à ces traits qu'il faut reconnaître la période intermédiaire, la phase « chaotique » de la grande industrie, selon l'expression de M. Leroy-Beaulieu, mais les faits que signale Schulze-Gavernitz avec tant de précision démontrent que cette phase chaotique n'est pas de très longue durée ; les salaires augmentent quand la machine et l'organisation manufacturière sont parvenues à un tel degré de perfection et de puissance que la productivité du travail ouvrier se trouve accrue dans des proportions énormes. Cette transformation n'était pas encore accomplie en France, d'une façon générale, de 1815 à 1848, et voilà sans doute l'un des faits qui ont exercé une action décisive sur la marche des salaires.

D'autres faits spéciaux à la France et à l'une de ses principales industries, comportent les mêmes enseignements et conduisent aux mêmes conclusions. Un manufacturier de Reims, M. Marteau, avait dressé en 1900 un curieux tableau synoptique de l'industrie lainière, sous forme de graphique.

L'une des courbes indique le prix de façon de filature au kilogramme : Elle s'abaisse rapidement de 1815 à 1848, par étapes successives ; le prix de l'étoffe type, le *mérinos*, s'abaisse en même temps, mais les salaires des fileurs et tisseurs augmentent aux mêmes moments ; on les voit s'élever de 1 fr. 50 vers 1812, à 2 francs en 1828 et à 2 fr. 25 en 1850. — L'étude de ce graphique permet, en outre, de préciser les raisons pour lesquelles la hausse de ces salaires n'a pas été plus rapide. La matière première, la laine, reste chère ; les quantités importées sont encore très faibles ; les exportations de lainages fabriqués se développent très lentement. La législation douanière si restrictive du gouvernement de Juillet entrave cette industrie au lieu de la protéger, et la productivité du travail est bornée faute de débouchés, faute de matières premières abondantes et à bas prix. Cette conclusion est apparemment si bien justifiée, que l'industrie lainière prend un admirable essor après 1848, et qu'à ce moment les salaires remontent brusquement à un niveau très élevé, celui de 4 fr. 25. Au cours de cette nouvelle période, le cours des laines s'abaisse, la masse dont l'industrie dispose augmente démesurément et les prix de façon par unité de fils ou de tissus fabriqués décroissent rapidement, bien que les rémunérations individuelles aient presque doublé.

En présence de ces faits, il ne nous paraît guère possible d'accuser uniquement l'oppression patronale, ou d'attribuer la stagnation prolongée du salaire, durant la période (1815-1848) à la législation restrictive qui interdisait les coalitions, les associations et les grèves.

Les salaires dépendent dans une si large mesure de la productivité du travail, que les ouvriers ruraux notamment bénéficient, à cette époque, d'une rémunération plus élevée, parce que l'industrie agricole s'était développée après 1815. Dans ses deux ouvrages sur *l'Économie rurale de l'Angleterre et sur l'Économie rurale de la France* (1), Léonce de Lavergne admet que de

---

1. Les chiffres indiqués par l'auteur se rapportent en réalité à la France, de 1848 ou de 1851, bien que les volumes aient été publiés quelques années plus tard. (Voir *Économie rurale de l'Angleterre*, préface de la 1re éd.).

1815 à 1848 (1) le produit brut de l'agriculture française a passé de 3 milliards à 5 milliards, augmentant ainsi de 2 milliards ou de 66 o/o.

Ce n'est pas ici l'outillage mécanique dont les perfectionnements provoquent une augmentation de la production, c'est la terre elle-même qui devient plus féconde parce que les systèmes de culture sont moins imparfaits qu'autrefois et que la jachère fait place — lentement encore mais d'une façon continue — à la culture des plantes fourragères, des racines ou des plantes industrielles. Le revenu du propriétaire s'est accru puisque la terre représente un instrument de production plus parfait, mais, d'autre part, le salaire augmente parce que la fraction du produit brut qui lui est attribué a augmenté d'une façon absolue.

Les chiffres que nous avons cités et qui ont été empruntés à des comptabilités de cultivateurs se rapportent aux gages des domestiques *nourris*. L'augmentation du salaire est donc bien réelle. Elle est d'autant plus remarquable que le prix des denrées agricoles s'était fort peu élevé, un même avait baissé pendant la Restauration et le règne de Louis-Philippe (2). C'est donc bien à l'usage d'instruments (3) de production plus par-

---

1. Voir le chapitre : Produit brut dans l'*Économie rurale de l'Angleterre*.

2. Voir à ce sujet : Levavasseur, *Histoire des classes ouvrières* et H. Passy, *Des systèmes de culture* ; D. Zolla, *La Crise agricole*, etc., etc.

3. Capital foncier et capital de culture.

faits que l'ouvrier agricole doit l'augmentation de son salaire.

D'autre part, nulle coalition n'a provoqué dans les campagnes la hausse que nous signalons. On ne saurait donc admettre sans les plus expresses réserves les affirmations des partisans de la loi des salaires qui déclarent comme M. Bureau :

« Normalement, la durée du travail imposé à l'ouvrier, la fatigue à laquelle il est soumis, et le salaire qu'il reçoit sont déterminés, dans un lieu et un temps donnés, par le *tantum* de fatigue et de privation qu'il peut supporter sans cesser de vivre et de se reproduire. » (1).

Il n'est pas davantage permis de nier l'action exercée par la productivité du travail sur la marche des salaires, ainsi que le fait le même auteur :

« Le lien que l'on prétend exister entre la productivité du travail et le salaire, est uniquement imaginaire et serait, d'ailleurs, en contradiction avec tout ce que l'on sait de plus certain sur le mode de fixation des prix. » (2).

Ce que nous savons au contraire, de plus certain, c'est que la puissance d'action de l'homme sur les choses, détermine une hausse des salaires, à la condition, toutefois, que cette puissance de production soit très grande. La dernière condition est indispensable, parce que le nombre des

1. P. Bureau, *Le Contrat de travail*, 1 vol. 1902. Alcan, éd., p. 129.

2. Bureau, *loc. cit.*, p. 140.

parties prenantes est si élevé que la masse à partager doit être énorme pour que chaque part puisse devenir plus forte. De 1815 à 1848, le développement de la richesse n'a pas été assez rapide, et, d'autre part, l'augmentation de la population a été trop marquée pour que les salaires industriels aient suivi régulièrement une marche ascensionnelle.

Ce fut là, sans nul doute, une cause de souffrance. Nous ne songeons pas à le nier. On peut et on doit déplorer la misérable condition de tant d'êtres humains accablés par un labeur ingrat, sans que l'effort sans cesse renouvelé de leurs intelligences et de leurs bras puisse accroître leur bien-être, garantir quelque loisir, quelque sécurité à leur vieillesse.

Ce que nous croyons avec toute l'ardeur d'une conviction réfléchie, c'est que la répartition des richesses produites n'a pas été la cause de tant de misères sociales et que la liberté du contrat de travail ne saurait être accusée d'avoir asservi l'employé à l'employeur. Le contraste a été souvent bien douloureux et bien choquant entre la richesse grandissante de quelques privilégiés et la pauvreté de tant de milliers de travailleurs manuels. Si cette richesse concentrée en quelques mains eût été répartie entre ceux qui la convoitaient, elle n'eût pas suffi à relever leur condition et encore moins à satisfaire leurs désirs. D'autres transformations, d'autres découvertes, d'autres efforts étaient nécessaires pour accroître la masse

des richesses produites et rendre possible l'élévation des salaires.

Troisième Période (1848-1900).

Durant cette longue période la législation du
travail a été modifiée par deux lois dont il est
à peine besoin de faire ressortir l'importance.
La première porte la date du 25 mai 1864 ; elle
reconnaît le droit de coalition et se borne à punir
les entraves à la liberté du travail. La seconde
complète la première et rend licites toutes les
associations professionnelles ; c'est la loi du
21 mars 1884.

Au point de vue économique, la seconde moitié
du XIXe siècle comprend, en réalité, deux périodes dont les caractères diffèrent profondément.

De 1848 à 1875 ou 1880, la hausse presque
continue des prix, les transformations des moyens
de transport et de l'outillage mécanique industriel, l'application hardie des découvertes scientifiques à l'industrie et à l'agriculture, déterminent un développement rapide de la production,
de la circulation et de la consommation des
richesses.

A partir de 1875 ou de 1880, la baisse des prix
s'accuse, s'accentue et s'accélère ; elle provoque
une crise agricole, et des crises industrielles. La
réduction du taux de l'intérêt et des profits constitue un trait caractéristique de cette dernière
période. Une législation douanière plus restric-

tive apporte des entraves au commerce extérieur, modifie la marche des prix et la répartition des richesses.

Au point de vue social, les attaques de plus en plus violentes et fréquentes du parti collectiviste contre le régime de la propriété privée et du salariat se traduisent par des grèves nombreuses, parfois prolongées ou sanglantes.

Néanmoins, la liberté du contrat de travail demeure respectée. Ce contrat de louage d'ouvrage résulte de l'accord des volontés individuelles fortifiées, depuis 1884, par l'action des groupements ouvriers connus sous le nom de syndicats.

La réglementation du travail n'apporte législativement que des dérogations particulières et spéciales aux principes de la liberté des conventions.

Nous allons étudier la marche des salaires durant cette dernière période du XIXe siècle et chercher à distinguer les causes qui en expliquent les variations.

Pour marquer le sens général de ces variations et en mesurer l'amplitude, il suffit de se reporter aux indications sommaires mais très générales qu'a données l'Office du Travail en 1900. Ce tableau résume, à l'aide d'Index-numbers, le mouvement des salaires en France et du coût de la vie depuis le commencement du siècle.

Variations des salaires d'après l'Office du Travail

1806....	100
1824-33..	109
1840-45..	117
1853....	124
1856....	135
1860-65..	155
1873....	166
1892....	222
1900.....	228

Coût de la vie

1804-13..	100
1814-23..	108
1824-33..	115
1834-43..	115
1844-53..	106
1854-63..	134
1864-73..	139
1874-83..	143
1884-93..	136

Il est visible que la hausse des salaires a été particulièrement rapide à partir de 1850 et surtout depuis 1860. Un moment, dans l'intervalle de ces deux dates, l'augmentation du coût de la vie paraît compenser partiellement l'élévation du salaire nominal. En revanche, à partir de 1865 la hausse des subsistances ou des denrées industrielles est moins rapide et les salaires poursuivent leur marche ascensionnelle. Les salaires réels s'accroissent donc et ce phénomène devient surtout remarquable à partir de 1875 lorsque le coût de la vie reste stationnaire ou décroît par suite de la baisse des principaux produits agricoles.

Quelles que soient, d'ailleurs, les allures ou les oscillations de la marche des salaires nominaux ou réels, on n'a pas observé d'interruption dans leur mouvement ascendant. La hausse générale et de plus en plus rapide paraît être, — d'après l'Office du travail — le trait saillant de l'histoire des salaires dans la deuxième moitié du XIXe siècle.

Cette opinion est confirmée de la façon la plus frappante, par les nombreux relevés opérés officiellement au cours de l'enquête de 1891-1893 (1). Le tableau relatif aux variations des salaires de 1840-1845 à 1891-1893 dans l'ensemble des départements — Paris excepté — est particulièrement instructif. On ne constate pas une exception à la règle générale, c'est-à-dire à la hausse du prix de la journée d'ouvriers et d'ouvrières. Le document officiel auquel nous empruntons ces renseignements résume la marche générale des salaires à l'aide des chiffres suivants :

1. Voir notamment, *Salaires et durée du travail dans l'industrie française*, t. IV. Résultats généraux, 1 vol. Imprimerie Nationale, 1897.

2. Même volume, p. 267.

	Ouvriers	Ouvrières
1840-1845.........	100	100
1860-1865........	132	125
1891-1893........	192	212

En joignant aux diverses industries déjà énumérées (1), les métiers de maçons, terrassiers, peintres, etc., etc. ; l'Office du travail, propose des moyennes plus générales encore et qui accusent, cependant, les mêmes mouvements de hausse. Voici les coefficients ou index-numbers résultant de ces calculs :

1840-1845............	100
1853	100
1860-1865...........	130
1874	153
1883	175
1891-1893...........	192

Depuis 1840, le salaire moyen de l'ouvrier dans toutes ces professions a donc augmenté de 92 o/o.

Dans les mines de combustibles, de fer ou d'autres métaux, des statistiques précises ont été dressées. La moyenne du gain annuel — tous ouvriers réunis — a varié de la façon suivante :

1. Tableau XLI du vol. IV, p. 267, *loc. cit.* (Industries extractives, alimentation, chimique, papier et livre, cuirs et peaux, textiles, vêtement, bois, métaux, construction, céramique, verrerie.)

	Mines de combustible	Mines de fer	Autres métaux
	fr.	fr.	fr.
1850	531	346	»
1855	660	407	424
1860	714	516	451
1865	763	620	566
1870	874	643	530
1875	1.058	877	694
1880	1.040	943	725
1885	1.042	971	741
1890	1.206	990	803
1895	1.161	1.073	936

L'augmentation est évidente, et il suffit de jeter les yeux sur ce tableau pour voir combien elle a été rapide.

Nous savons, d'autre part, que le coût de la vie n'a pas suivi la même marche bien qu'il ait augmenté. L'Office du travail adopte — pour Paris — les chiffres recueillis par M. Bienaimé et constate que l'accroissement des dépenses paraît avoir ainsi varié :

Voici le commentaire de ce tableau :

« De la première période à la dernière, la dépense totale aurait ainsi augmenté de plus de 25 o/o.

« Si, aux dépenses nécessaires pour le logement, la nourriture, le chauffage et l'éclairage, on ajoute celles nécessaires pour l'habillement, les

	Nourriture chauffage éclairage	Logement	Dépense totale
	fr.	fr.	fr.
1844-1853	931	120	1.051
1854-1863	1.052	170	1.222
1864-1873	1.075	220	1.295
1874-1883	1.093	270	1.313
1884-1893	993	320	1.353

différences sont plutôt atténuées car l'on sait que les objets manufacturés ont généralement baissé de prix. Il est donc permis d'admettre que de 1844 à 1893, le coût d'un genre de vie déterminé, défini par les consommations que nous avons prises comme types et également invariable au point de vue de la satisfaction des autres besoins, ne s'est pas accru de plus de 25 o/o.

« Encore faut-il ajouter qu'en supputant les prix d'objets en apparence bien déterminés, comme le pain, la viande, le logement, etc., nous avons implicitement supposé que les qualités demeuraient les mêmes. Or, il y a eu plutôt amélioration à ce point de vue, et de cette amélioration, nos chiffres ne tiennent pas compte. »

En résumé, les salaires industriels, ou ceux des divers métiers, paraissent avoir augmenté de 90 à 100 o/o durant la seconde moitié du XIXᵉ siècle, et, les dépenses correspondantes *au même genre de vie*, ne se seraient accrues que de 25 o/o. Le bien-être ou la condition matérielle de l'ouvrier seraient représentés par 125, il y a cinquante ans, et par 190 ou 200 à la fin du XIXe siècle.

*
* *

L'intérêt qui s'attache à la situation de l'ouvrier industriel ne doit jamais faire oublier la très haute portée sociale des variations du salaire agricole.

Le nombre des ouvriers ruraux est de beaucoup supérieur à celui des travailleurs manuels des autres industries considérées séparément ou même par groupes. Ainsi, d'après l'un des derniers dénombrements, on comptait à titre d'employés, d'ouvriers ou de domestiques :

dans l'agriculture....	3.648.000	personnes
dans l'industrie......	3.695.000	—
dans les transports..	405.000	—
dans le commerce. .	1.097.000	—
Total.....	8.845.000	—

L'industrie agricole occupe donc 41 o/o de tous les salariés que comptent ces quatre groupes, si toutefois les statistiques professionnelles sont suffisamment exactes.

Il est bien certain, en outre, que les salaires ruraux n'ont pas été affectés par des coalitions ou des grèves restées inconnues dans nos campagnes jusqu'à ces dernières années. L'influence indirecte de ces conflits sur la marche des salaires a, d'ailleurs, été fort exagérée et il serait, à notre avis, singulièrement téméraire d'attribuer la hausse du prix des travaux agricoles à des grèves *victorieuses* dans quelques centres industriels. On soutient encore, il est vrai, que l'augmentation des salaires ruraux doit être attribuée à la désertion des campagnes, phénomène démographique et social qu'expliqueraient l'élévation plus rapide et la supériorité *absolue* des salaires urbains, ou du revenu des gens de métiers. Nous n'acceptons qu'avec réserve cette affirmation trop générale et qui ne tient pas compte des faits.

Le salaire ou les gages des travailleurs manuels de l'agriculture ne sont pas toujours inférieurs à ceux de l'industrie ou du commerce. Ce n'est pas seulement la « désertion des campagnes » qui a provoqué la hausse des rémunérations journalières ou annuelles dans les champs ; il y aurait lieu fort souvent de renverser cette proposition et de dire que la hausse de ces salaires a déterminé des changements de systèmes de culture qui ont permis de réduire le nombre des bras employés et les frais excessifs qu'entraînait la main-d'œuvre.

C'est la hausse naturelle, spontanée, des salaires agricoles qui a déterminé un courant d'émigration des campagnes vers *certains* centres industriels, et d'autre part, il s'est produit un simple déplacement ou déclassement au sein de la population agricole elle-même : Le nombre des petits propriétaires s'est accru pendant que le nombre des salariés diminuait.

Nous examinerons bientôt ces questions et nous pourrons justifier nos conclusions sommaires en les appuyant sur des démonstrations développées.

Ce que nous entendons signaler, en ce moment, c'est l'intérêt considérable que présentent les variations des salaires ruraux bien que le public paraisse les ignorer ou les négliger.

Or, dans les campagnes aussi bien que dans les villes, dans les fermes comme dans les manufactures ou les mines, la rémunération de l'ouvrier s'est élevée rapidement de 1850 à 1900.

M. de Foville signalait ce mouvement et en précisait l'amplitude dès l'année 1876 (1). Plus tard, il indiquait les chiffres suivants pour le prix de la journée, et le revenu annuel de la famille (2).

	Prix de journée moyen	Revenu annuel d'une famille
1840........	1 fr. 30	500 fr.
1852........	1 42	550
1862........	1 85	720
1872........	2 00	800
1882........	2 22	880

De 1852 à 1882, le revenu d'une famille de salarié agricole aurait augmenté de 330 francs ou

1. *Economiste français*, n° 22, janvier 1876.
2. Voir *La France Économique*. Édit. de 1890, p. 99 et 100.

de 6o o/o. Le coût de la vie se serait accru seulement de 25 o/o dans le même intervalle si nous acceptons comme générale l'évaluation de l'Office du Travail citée plus haut pour les ouvriers de Paris. L'augmentation du bien-être serait représentée par les nombres 125 en 1850 et 160 en 1882.

Depuis 1882, le salaire agricole a-t-il augmenté malgré la crise agricole ? On pourrait en douter. L'Enquête décennale de 1892, publiée en 1897, nous fournit quelques indications à cet égard. Malheureusement nous constatons une étrange contradiction entre les variations des salaires et des gages. Les premiers auraient diminué de 7 à 8 o/o surtout dans le Nord et le Centre de la France, tandis que les gages se seraient accrus de 8 o/o également entre 1882 et 1892 (1).

Ces différences paraissent tout à fait invraisemblables à diverses personnes que nous avons interrogées à cet égard et qui ont bien voulu nous fournir des documents précis. Dans une ferme des environs de Pithiviers, nous avons relevé les chiffres suivants (2) :

---

1. Enquête décennale agricole de 1892. Introd., p. 419 et 420.

2. Voir notre volume : *Questions agricoles d'hier et d'aujourd'hui*, 1re et 2e séries, 1894-95, chez Alcan.

Gages des domestiques

	1841-51	1851-61	1861-71	1871-81	1881-91
	fr.	fr.	fr.	fr.	fr.
Premier charretier......	320	400	480	750	750
Deuxième....	280	350	400	500	500
Troisième.....	200	280	300	450	400
Quatrième...	120	130	150	250	200
Première servante......	180	250	300	400	400
Vacher......	»	450	600	600	600
Jardinier....	»	»	500	650	700

Les gages restent stationnaires, à partir de 1882, mais ils ne diminuent pas. Les mêmes faits sont observés aux environs de Château-Thierry

Gages en argent

	1874	1882	1892
Premier charretier...	500	600	600
Deuxième charretier.	450	500	525
Troisième charretier.	350	400	425
Chargeur en moisson.	500	525	550
Vacher.............	600	650	700
Servante............	300	350	460
Berger (non nourri)..	1.000	1.050	1.050

On constate même dans cette ferme et fort probablement dans cette région une hausse après 1882. L'accroissement des gages est en tout cas certain pendant toute la période 1874-1892.

Voici, maintenant, d'autres chiffres puisés dans les livres d'un cultivateur des Ardennes (1).

Salaire d'ouvrier agricole non nourri

1830......	1 fr. 35		1865......	2 fr. 75
1835......	1 » 60		1870......	2 » 90
1840......	1 » 70		1875......	2 » 90
1845......	1 » 90		1880......	3 » 25
1850......	2 » 00		1885......	3 » 50
1855......	2 » 30		1890......	3 » 60
1860......	2 » 50		1895......	3 » 60

La hausse est ininterrompue. De 1850 à 1895 elle s'élève à 1 fr. 60 par journée de travail — moyenne annuelle — ou à 80 o/o.

D'autres documents, obligeamment communiqués par la même personne, se rapportent aux gages des domestiques dans la même région.

1. Communiqué par M. X..., fermier, et tiré de ses livres de comptes.

Gages annuels

	Premier domestique	Charretiers	Travailleur ordinaire	Berger Vacher	Servante
1850	325	210	200	185	180
1855	360	230	220	205	190
1860	430	260	500	235	210
1865	500	330	280	270	240
1870	560	350	330	300	250
1875	580	425	365	360	275
1880	635	470	425	400	300
1885	675	525	470	450	325
1890	700	560	495	490	325

Dans l'espace de quarante années, les rémunérations de ces divers travailleurs manuels ont augmenté de la façon suivante :

Premier domestique.......... 115 o/o
Charretiers................. 166 o/o
Travailleur ordinaire........... 147 o/o
Berger-vacher................ 164 o/o
Servante..................... 80 o/o

Il est, en outre, bien visible que cette hausse n'a pas été interrompue par la crise agricole dont les économistes signalent les effets à partir de 1880.

Dans son Rapport sur l'exposition de la classe 104, en 1900, M. E. Chevallier (1), a cité également

1. Voir aussi son travail, *Les Salaires au XIX° siècle.*

des exemples curieux de la hausse des salaires
agricoles depuis 1850. A Arles, l'auteur signale
les variations suivantes :

	1840	1870	1898
Charretiers	400	450 à 500	600 à 650
Maître-valets	500	600 à 900	900 à 1200
Valets de ferme	300	350	500
Maître-berger	350	400 à 450	600 à 650
Bergers	280	300 à 350	500
Servantes	200	240 à 300	400

A Flaucourt, dans la Somme, à l'autre extré-
mité de la France M. Chevallier a noté la hausse
suivante, pour les gages du domestique de ferme :

1845 . . . .   210 francs
1855   240   »
1858   350   »
1865   440   »
1875   450   »
1882   500   »

Il remarque, comme nous, que la crise agricole
n'a pas eu pour effet de provoquer une baisse des
salaires. « Il se serait produit — dit-il — si nous
en jugeons d'après les données fournies par des
études locales, moins une baisse qu'un *palier*,

c'est-à-dire un arrêt dans la progression. Deux ou trois monographies, au plus, constatent la baisse. »

Tous ces faits prouvent clairement que la hausse des salaires agricoles a été tout aussi générale et fort probablement tout aussi rapide que celle des salaires industriels malgré l'éparpillement des forces ouvrières et l'absence presque complète de cohésion ou de groupement parmi les domestiques ou bûcherons dans les campagnes.

***

Sans insister sur les variations des salaires, il est intéressant de montrer que le mouvement observé en France a été constaté ailleurs.

Un seul document va nous conduire à l'admettre ; c'est le résumé des études de M. Bowley publiées dans l'*Economical Journal* en 1898 :

Mouvements comparés
des salaires nominaux et réels (1)
(index numbers sur la base de 1891)

PÉRIODES	ROYAUME UNI		FRANCE		ÉTATS-UNIS	
	nominal	réel	nominal	réel	nominal	réel
1844-53	61	53	52	55	53	54
1854-63	73	51	65	61	58	53
1864-73	82	59	73	67	72	57
1874-83	93	82	86	78	86	75
1884-93	95	97	95	94	95	95
1891	100	100	100	100	100	100
Hausse 1844-53 à 1884-93	64 o/o	88 o/o	92 o/o	81 o/o	88 o/o	85 o/o

1. M. Bowley. *Economical Journal*, 1898. T. VIII, p. 474.

CONCLUSIONS

Pour dégager une conclusion et un enseignement de tous les faits que nous avons cités, groupés et commentés plus haut, il suffit de jeter un coup d'œil sur les graphiques qui les résument.

De 1850 à 1900, la hausse des salaires nominaux et réels est incontestable.

Sans doute, nous la voyons varier avec les professions, et nous aurions pu démontrer également qu'elle variait avec les régions (1), mais; plus ou moins forte, plus ou moins rapide elle est générale dans notre pays.

La marche ascendante des courbes relatives au prix de la journée de travail est surtout remarquable entre 1855 et 1865.

« C'est pendant le second Empire, dit M. Levasseur (2), que l'élévation du taux a été le plus sensible. Dans la petite industrie, elle aurait été, d'après un relevé administratif, de 41 o/o entre les années 1853 et 1871 dans les provinces et de 32 o/o seulement à Paris ; mais la moyenne de Paris était de 4 fr. 96 à la dernière date, tandis que la province ne donnait que 2 fr. 90. Dans les filatures et tissages de l'Alsace, on peut admettre une aug-

1. Nous reviendrons bientôt sur cette question à propos des causes qui expliquent — suivant nous — la hausse des salaires dans la deuxième moitié du xix' siècle.
2. *Histoire des classes ouvrières*, t. II, p. 812.

mentation moyenne de 50 o/o ; dans l'usine du Creusot, elle était de 35 o/o ; dans le bâtiment à Paris, de 37 o/o.

« On ne saurait taxer d'exagération ce statisticien qui, embrassant les trois quarts du XIXe siècle, du commencement du Consulat à la fin du second Empire, affirme que le salaire moyen a augmenté en France de plus de 60 o/o, peut-être de 70 et que cette augmentation s'est produite principalement depuis 1850. »

Ailleurs, M. Levasseur (1) dit encore : « Le doublement du salaire en France depuis une soixantaine d'années est une moyenne qui résulte des chiffres que nous avons recueillis ; nous la croyons à peu près exacte ; comme la plupart des moyennes elle peut être contestée. Il est facile de lui opposer des faits qui étaient en désaccord avec elle... ». Ces lignes ont été écrites en 1892 ; elles auraient pu être datées de 1900 sans cesser de traduire fidèlement les faits constatés depuis la fin du règne de Louis-Philippe jusqu'aux dernières années du XIXe siècle.

Constatons que dans la répartition des richesses produites la part du travailleur manuel a toujours grandi d'une façon absolue. Constatons aussi que cette hausse a été très rapide, très générale durant les années qui ont *précédé* le vote de la loi de 1864 sur les coalitions.

Cette hausse a continué par la suite et nous l'avons observée de 1864 à 1884 avant que le droit

---

1. Levasseur, *La population*, t. III, p. 97.

d'association concédé aux ouvriers vint compléter et fortifier le droit de coalition.

Après 1884, les salaires industriels s'élèvent encore ; dans l'industrie agricole ils restent stationnaires ou augmentent malgré la réduction incontestée du taux de l'intérêt des capitaux, des fermages et des profits industriels ou agricoles.

Quelles causes peut-on assigner à cette augmentation des salaires et à l'élévation incontestable de la situation matérielle des salariés ? C'est ce que nous allons essayer d'indiquer en étudiant les faits qui nous paraissent avoir exercé sur ce phénomène économique et social la plus décisive influence.

LA HAUSSE DES SALAIRES DANS LA SECONDE MOITIÉ DU XIXe SIÈCLE

LE DÉVELOPPEMENT DE LA RICHESSE ET LA PRODUCTIVITÉ DU TRAVAIL

La hausse des salaires, après 1850, nous paraît liée au développement rapide de la richesse sous toutes ses formes, à l'accroissement de la masse de ces richesses acquises, produites annuellement ou épargnées.

Nous disons : richesses acquises, parce que toutes les transformations industrielles et agricoles accomplies de 1850 à 1900, supposent la mise en œuvre des capitaux épargnés de 1815 à 1850. La classe bourgeoise et économe — dont il est de bon ton de se moquer — avait accumulé des réserves qui ont rendu possibles les grands travaux publics comme les chemins de fer, les grandes entreprises industrielles, sans compter les innombrables ateliers ou les exploitations rurales que l'épargne des classes moyennes a vivifiés. Un fait économique d'une haute portée, la hausse rapide et très générale des prix, a exercé une action sur le développement de l'esprit d'entreprise et sur l'accroissement de la richesse produite.

La hausse inspire la confiance ; elle encourage « les longs espoirs et les vastes pensées ». Elle augmente les profits industriels. Il y a là surtout un phénomène psychologique curieux mais dont l'influence ne saurait être niée.

On l'avait déjà observé en France à la fin du règne de Louis XV jusqu'à la Révolution et même dans les années qui suivirent.

A. Young voyageant en France de 1787 à 1789, signale cette hausse des prix et ajoute : « Il y a peu de chose, dans l'économie politique de la France, qui fasse aussi bon effet que cette hausse générale de prix depuis vingt ans. » (1).

Un historien, M. de Tocqueville, a noté avec précision les signes d'un développement certain de la richesse et de l'activité industrielles de la France pendant les années qui précédèrent la chute de l'Ancien régime :

« La prospérité publique se développe avec une rapidité jusque-là sans exemple.

« Tous les signes l'annoncent : la population augmente ; les richesses s'accroissent plus vite encore. La guerre d'Amérique ne ralentit pas cet essor ; l'Etat s'y obère, mais les particuliers continuent à s'enrichir ; *ils deviennent plus industrieux, plus entreprenants.* » (2).

Et, en effet, le revenu et le prix des terres

1. Young. *Voyages en France*, t. II. p. 273.
2. De Tocqueville : *L'ancien régime et la Révolution*, chap. IV, p. 254.

augmentent (1); les loyers des maisons s'élèvent ; le commerce se développe et notamment le commerce extérieur (2) paraît avoir doublé (*en valeurs*) de 1777 à 1789 (3).

« Après la guerre de Sept Ans, dit M. Levasseur, l'agriculture devenant à la mode. et la *hausse du prix* des denrées amenant *plus d'aisance* chez les cultivateurs, la demande de produits manufacturés s'accrut *et le progrès industriel s'accentua davantage.* »

Certes, nous n'avons pas un seul instant l'intention de prouver que la richesse d'un peuple correspond au prix des diverses denrées, et que cette richesse augmente en même temps que s'élève le niveau des cours. Telle n'est pas notre pensée. Nous n'oublions nullement l'importance particulière des facteurs qui contribuent au développement de la richesse. La hausse des prix, — qui n'est pas due à des lois douanières restrictive. ou à des disettes — nous paraît, cependant, utile. Elle réconforte et encourage les plus timides.

A partir de 1850, le relèvement du niveau moyen des cours a certainement produit les conséquences observées avant 1789 (4). La baisse qu'on observe pour certaines denrées ou pour certains services, ne contredit pas cette observa-

1. Voir les recherches de M. d'Avenel.
2. Voir les tableaux d'Arnould.
3. *Histoire des classes ouvrières avant 1789*, t. II, p. 917.
4. Nous insistons précisément, plus loin, sur la baisse de plusieurs produits manufacturés et même de certaines matières premières : laine, coton, etc., etc.

tion parce qu'elle résulta de progrès rapides dans certaines fabrications industrielles et des transformations des moyens de transport.

Comment peut-on apprécier — sinon mesurer — le développement de la richesse générale en France dans la seconde moitié du xixe siècle ? Les moyens d'évaluation sont nombreux. On peut citer l'étude des variations du total annuel des successions et donations entre vifs qui sont taxées. Il est incontestable que la progression de ces valeurs a été très rapide de 1850 à 1885 par exemple.

En voici la preuve :

	Total des Successions et Donations Millions de francs
1850	2.681
1860	3.133
1869	4.567
1875	5.321
1880	6.383
1885	6.429

L'accroissement est énorme. Dans l'espace de trente-cinq ans, il s'élève à **3.748** millions comme moyenne annuelle, ou à **139** o/o. Sans doute, ces chiffres se rapportent à la *valeur* en francs des richesses transmises et la hausse des prix a gonflé ces *valeurs* qui ne correspondent pas à des *quantités* s'accroissant dans la même proportion.

Cependant, après 1885, lorsque la baisse générale des prix et celle des propriétés rurales notamment vient réduire les capitaux ou valeurs à *revenus variables*, la somme globale continue de grossir :

		Total des successions et donations
		Millions de francs
	1885.........	6.428
	1890.........	6.748
	1900........	7.755
	1901........	6.482
Après déduction du passif légal.	1902........	6.365
	1903........	6.398
	1904........	6.709
	1905........	6.751

Il est entendu que la baisse du taux de l'intérêt a augmenté le cours des valeurs à revenu *constant* comme les obligations de chemins de fer ou les rentes, mais, toutes choses compensées, il semble bien que la richesse s'accroisse toujours. A tout le moins on doit voir là un indice intéressant.

L'accroissement de la valeur constatée des propriétés bâties et non bâties constitue un autre indice qu'on ne saurait négliger. L'enquête de 1851 (1) attribue une valeur locative de 737 millions seulement à la propriété bâtie. En 1891, le chiffre s'élevait à 2.804 millions. En 1901, il était évalué à 3.124 millions.

1. Voir *Bulletin de statistique et de législation comparée*, 1879, deuxième semestre.

L'augmentation du nombre des maisons, la réduction des locaux d'habitation à une seule ouverture sont aussi des preuves d'un accroissement de richesse et de bien-être général (1).

L'augmentation de la production agricole a une portée économique et sociale plus grande encore. En 1850, Léonce de Lavergne évaluait à 5 milliards le produit brut de l'industrie agricole, c'est-à-dire la *valeur* de tous les produits effectivement *vendus* par les cultivateurs. Vers 1870, il admettait que ce chiffre devait s'élever à 7 milliards. Après rectifications, et en tenant compte des doubles emplois (2), cette valeur pouvait être portée à 11 milliards en 1882 et à 10 ou 11 milliards en 1892 lorsque la baisse des prix nettement accusée vint réduire le montant *apprécié en francs* de la production rurale. On n'a pas constaté seulement une augmentation des valeurs ; il est certain que les quantités produites et vendues par l'agriculture française se sont accrues. Sur ce point les renseignements sont nombreux, concordants et paraissent suffisamment précis (3). Qu'il s'agisse des céréales, des grains alimentaires, des pommes de terre, du sucre extrait des bettera-

1. Voir à ce sujet l'ouvrage de M. Leroy-Beaulieu sur la *Répartition des richesses*, Introd. p. 32, 2ª édit. 1883.

2. Voir à ce sujet le travail de M. Levasseur à propos de l'Enquête Agricole et de l'évaluation du produit brut agricole en 1892. — M. de Foville dans la *France Économique* donne même le chiffre de 13 milliards.

3. Voir les statistiques décennales du Ministère de l'Agriculture ; 1840-1862, 1862-1892.

ves, de la viande, et, en un mot, des matières alimentaires, ou des matières premières industrielles, l'accroissement des quantités produites a été certainement considérable dans la seconde moitié du XIXe siècle et surtout depuis 1870, grâce au progrès de la technique agricole (1).

Au même moment les importations des matières alimentaires ou de denrées utiles à l'industrie augmentent rapidement.

Nous trouvons des renseignements très intéressants à cet égard dans un rapport de la Commission des valeurs de douane qui date de 1889 (2). Il s'agit du développement des entrées de matières textiles entre 1849 ' 1887. La première de ces dates a été choisie p... e que les travaux de la Commission ont pris seulement un cours normal en 1849.

1. Nous fournissons ailleurs, la preuve de ce que nous avançons ici.

2. *Annales du Commerce Extérieur.* Commission Permanente des valeurs de douane : session de 1889, 1er fascicule, p. 60. Rapport de MM. Grandgeorge et Natalis Rondot au nom de la IVe section.

Tableau comparatif de l'importation et de l'exportation des matières textiles en 1849 et 1887

IMPORTATION

(VALEURS EN MILLIONS DE FRANCS)

	1849	1887
Laines en masse, peignées...	40.4	336.0
Coton en laine.............	83.7	204.0
Soie et bourre.............	83.4	275.0
Lin et chanvre............	20.5	69.0
Jute.....................	0.2	26.5
	228.2	910.5

EXPORTATION

(VALEURS EN MILLIONS DE FRANCS)

	1849	1887
Laines en masse et peignées.	0.9	120.0
Coton en laine.............	0.3	44.8
Soie et bourre.............	6.1	141.0
Lin et chanvre............	0.5	11.7
Jute.....................	0.06	2.5
	7.86	320.0

Matières premières restées en France pour y être transformées
(VALEURS EN MILLIONS DE FRANCS)

	1849	1887
Laines en masse et peignées ..	39,4	216,0
Cotons en laine...............	83,3	159,2
Soie et bourre.................	77,3	134,0
Lin et chanvre.................	19,9	57,3
Jute	0,1	24,0
	220,0	590,5

Ce dernier tableau est particulièrement instructif parce qu'il nous montre la valeur énorme des matières premières textiles restées en France à la disposition de l'industrie et l'augmentation qu'elle a subie de 1849 à 1887.

Les transformations opérées supposent un outillage considérable et une vie industrielle active. Cette hypothèse se trouve confirmée par le tableau suivant qui se rapporte au développement du commerce extérieur des fils et tissus :

(VALEURS EN MILLIONS DE FRANCS)

	Importations		Exportations	
	1849	1887	1849	1887
Fils de laine, coton.. Lin, chanvre et jute..	4,2	57,2	6,7	53,8
Tissus correspondants	12,3	175,0	390,0	689,0

Le rapporteur ajoute :

« En 1849, nous importions pour 4 millions de fils ; en 1887, nous en avons importé pour 57 millions, soit quatorze fois plus. Nos exportations étaient de 7 millions ; elles ont monté de 57 millions, c'est-à-dire qu'elles ont une valeur près de huit fois plus considérable. Nous avons demandé pour 12 millions de tissus à l'étranger en 1849, nous lui en avons acheté pour 175 millions en 1887 ; nous lui en vendions pour 390 millions en 1849, nous lui en avons vendu pour 689 millions en 1887.

« Ces chiffres sont pleins d'enseignement. Ils nous montrent l'immense développement qu'ont pris notre commerce et notre industrie, particulièrement en ce qui concerne les matières et les produits textiles ; ils nous disent, quel a été depuis 1849, l'énorme accroissement de la consommation intérieure, combien nos tissus ont été appréciés sur tous les marchés du monde.

« Et quand on réfléchit que ces plus-values en valeurs correspondent à un accroissement bien plus important en quantités, que le volume des matières premières textiles restées en France pour y être transformées en 1887 représente en valeur le double, mais en volume le triple de la quantité correspondante en 1849, on est frappé de *l'énorme accumulation de richesses* et aussi de l'incroyable somme d'activité humaine que cet accroissement suppose. »

Ce tableau est brillant — trop brillant peut-être. On objecterait avec raison que cette masse énorme de matières importées a dû être payée par d'autres produits et notamment par des produits manufacturés exportés. En un mot, tout n'est pas profit net et gain partageable sans cette énorme accumulation de richesses dont parle le rapporteur ; mais il y a eu, comme il le dit, augmentation de consommation intérieure ; il y a eu des gains considérables. *Et cela nous explique précisément la hausse des salaires parce que cette hausse est, suivant nous, liée étroitement à la multiplication des richesses produites.*

C'est aussi dans le monde entier que l'on observe cette multiplication de richesse.

Il sort de terre chaque année une prodigieuse quantité de denrées alimentaires ou de matières premières que l'homme n'avait pas à sa disposition il y a cinquante ans et la France profite de cette invasion bienfaisante. À mesure que la masse de ces richesses produites vient à augmenter, leur prix diminue(1). Les variations des cours du coton et des laines sont étrangement significatives et probantes à cet égard.

En France, depuis vingt-cinq à trente ans, le cours des laines a subi une baisse énorme qui est la conséquence certaine d'une augmentation considérable de la production dans le monde.

Ce que l'on nomme le peigné Buenos-Ayres à Roubaix tombe de 7 fr. 20 en 1877, à 3 fr. 95 en 1897, par kilo.

Les cours des laines indigènes anglaises suivent la même marche. Ils s'abaissent de 21 d. 20 par livre (453 gr.), en 1870-1874, à 9 d. 20, de 1895 à 1899.

La production s'était accrue dans des proportions énormes. Voici le relevé des exportations pour les grands pays producteurs, à trois dates différentes, 1870-1880-1889.

Exportations de laines brutes
(MILLIONS DE Lb. (453 gr.)

	1870	1880	1889
Australasie	175	308	450
Cap	43	60	70
Argentine, Uruguay......	197	256	360
	415	624	880

1. Quand la production s'accroît très rapidement et sauf exceptions, comme toujours.

La production des laines coloniales a doublé dans l'espace de vingt ans et le prix de cette denrée a baissé de 5o o/o (1). Il y a eu là une masse énorme de matières utiles qui a contribué à accroître la richesse générale.

Il en est de même pour le coton. Les entrées en France (commerce spécial) sont mesurées par les chiffres suivants (2).

Importations de coton en laine (2)

1847-1856.........	65 millions de kilog.
1857-1866.........	84	—
1867-1876.........	117	—
1877-1886.........	136	—
1887-1896.........	163	—

En 185o, le prix de la livre de coton tombait déjà à 12 cents sur le marché de New-York, et à 11 cents en 186o. Après la guerre de Sécession, nous le voyons revenir à 11 cents également en 1881. Depuis 189o ; il s'abaisse encore et varie entre 7 et 8 cents jusqu'à ces dernières années marquées par une hausse brusque.

La masse énorme de matières textiles à bas

1. On observe, il est vrai, depuis 1895 un relèvement de hausse provoqué par une diminution de la production des laines coloniales.

2. Voir à ce sujet l'ouvrage de M. Lecomte sur *Le Coton* (couronné par l'Académie des Sciences morales) 1 vol., 19o2. Paris, Carré et Naud.

prix que des cultures nouvelles (Etats-Unis, Egypte, Indes, etc.) ont mis à la disposition de l'industrie correspond encore à une augmentation de richesses dont la France a profité. L'activité de l'industrie du coton (filature et tissage) n'est pas douteuse, et les perfectionnements de l'outillage mécanique ont été rapides (1).

Pendant que la généralité des consommateurs profitait de la baisse des prix de revient et de vente des tissus, l'ouvrier dont le travail était plus productif voyait son salaire augmenter.

M. Lecomte cite dans son ouvrage un exemple emprunté à un tissage des environs de Remireront (2) :

Salaire dans le tissage

	1847	1865	1899
Salaire par quinzaine.........	13 fr. 65	22 fr. 20	30 fr. »

L'augmentation de la quantité des denrées produites dans les pays neufs est très remarquable.

En France, notamment, les importations de marchandises coloniales, se sont développées avec rapidité. Leur progression est à la fois une cause et un effet du développement de la richesse

1. Même ouvrage : chap. « L'industrie du coton en France. »
2. Lecomte, *loc. cit.*, p. 365.

générale : Une cause, puisque l'abondance de ces denrées alimentaires ou de ces matières premières coïncide avec une augmentation de la consommation normale et avec l'élévation de la condition matérielle des consommateurs : un effet, car l'usage de plusieurs de ces denrées, telles que le café, suppose que le nombre des consommateurs relativement aisés s'est largement accru.

Voici maintenant, les chiffres qui révèlent l'augmentation des importations en France de produits coloniaux (commerce spécial) :

	1857-66	1867-76	1877-86	1901-03
	Quantité en millions de kilos			
Cacao......	4,9	8,0	11,3	19,0
Café.......	36,4	46,7	61,7	90,0
Thé........	0,3	0,3	0,4	0,9
Vanille.....	0,02	0,02	0,03	0,04
Fécules exotiques.....	0,5	1,0	1,9	5,7
Poivre.....	2,4	2,4	2,5	3,1
	44,52	58,42	77,82	118,74

Ni l'augmentation de la population, ni le développement corrélatif des exportations ne suffisent à expliquer la progression de ces achats. C'est l'accroissement de la richesse générale qu'ils révèlent,

La même observation s'applique au groupe si important des oléagineux tels que le colza des Indes, l'arachide, la sésame, le coprah, les graines de coton et les huiles provenant de toutes ces graines ou de ces fruits oléagineux. Voici le tableau qui les concerne :

Importation en France.
(Valeurs en millions de francs)

1857-1866..........	38
1867-1876..........	61
1877-1886..........	119
1887-1896..........	182

A l'heure actuelle, la France achète annuellement pour près d'un milliard de produits coloniaux, denrées alimentaires ou matières premières qui augmentent la richesse générale, donnent lieu à des exportations lucratives de produits travaillés ou fabriqués, et supposent un développement notable de notre pouvoir d'achat.

C'est ici le cas de rappeler les conclusions si judicieuses que formulait Adam Smith (1) en parlant des avantages qu'a retirés l'Europe de la découverte de l'Amérique.

« On a vu quels sont les avantages que ces colonies d'Amérique ont retirés de la politique de l'Europe.

1. Ad. Smith. *Recherches sur la nature et les causes de la richesse des nations.* Ed. in-18, t. II, p. 374. Paris, Guillaumin, 1859.

« Quels sont maintenant ceux que l'Europe a retirés de la découverte de l'Amérique et des colonies qui s'y sont formées ?

« Ces avantages peuvent se diviser en deux classes : premièrement, les avantages généraux que l'Europe, considérée comme un seul vaste pays, a retirés de ces grands événements ; et secondement, les avantages particuliers que chaque pays à colonies a retirés des colonies particulières qui lui appartiennent, en conséquence de l'autorité et de la domination qu'il exerce sur elles.

« Les avantages généraux que l'Europe, considérée comme un seul grand pays, a retirés de la découverte de l'Amérique et de sa formation en colonies, consistent, en premier lieu, dans un accroissement de jouissances, et, en second lieu, dans un accroissement d'industrie.

« Le produit superflu de l'Amérique importé en Europe fournit aux habitants de ce vaste continent une multitude de marchandises diverses qu'ils n'auraient jamais possédées sans cela, les unes pour l'utilité et la commodité, d'autres pour l'agrément et le plaisir, d'autres, enfin, pour la décoration et l'ornement, et par là il contribue à augmenter leurs jouissances.

« On conviendra sans peine que la découverte de l'Amérique et sa formation en colonies ont contribué à augmenter l'industrie : 1° de tous les pays qui commercent directement avec elle, tels que l'Espagne, le Portugal, la France et l'Angleterre ; et 2° de tous ceux qui, sans y faire du com-

6.

merce direct, y envoient, par l'intermédiaire d'autres pays, des marchandises de leur propre produit, tels que la Flandre autrichienne et quelques provinces d'Allemagne qui y font passer une quantité considérable de toiles et d'autres marchandises par l'entremise des nations qui y commercent directement. Tous ces pays ont gagné évidemment un marché plus étendu pour l'excédent de leurs produits et par conséquent ont dû être encouragés à en augmenter la quantité... »

Ce passage est bien connu, et nous pensons qu'il est inutile de le citer tout entier. Ce que disait Smith à la fin du xviiᵉ siècle, est encore plus certain sans doute au début du xxᵉ. L'exploitation de terres nouvelles et la création d'industries, la rapidité et le bon marché des transports, ont accru directement ou indirectement la production et la richesse de la France comme celle des autres nations de l'Europe. Ce développement de richesse coïncide avec la hausse générale des salaires réels, il l'explique beaucoup mieux que ne le peuvent faire des conflits entre employés et employeurs, des grèves dont les résultats sont médiocres, incertains, transitoires, et qui n'ajoutent (1) rien à la masse des richesses partageables.

L'immense développement de nos importations

1. Nous n'entendons pas démontrer ici la complète inutilité des grèves au point de vue de l'intérêt des ouvriers. Nous cherchons à prouver que la hausse des salaires est due à d'autres causes plus efficaces et beaucoup plus générales.

effraie, il est vrai, les partisans nombreux encore de la balance du commerce et de la protection douanière.

En réalité, il faut remarquer que l'essor si remarquable de la richesse en France a permis ou même provoqué l'exportation de nombreux capitaux placés à l'étranger.

Une enquête récente a établi que les Français possédaient ainsi plus de 25 milliards représentés par des établissements ou des entreprises dans les cinq parties du monde.

L'intérêt de cette somme considérable représente l'excédent ordinaire de nos importations sur les exportations correspondantes, excédent qui se trouve payé avant de figurer sur les registres de la douane. La richesse générale des Français se trouve donc accrue et non diminuée par l'apport annuel de toutes les marchandises que nos débiteurs étrangers envoient en France pour se libérer à notre égard. Le développement de l'épargne et de la richesse est démontré par l'existence reconnue de nombreux placements faits en dehors de nos frontières, là où nos capitaux peuvent trouver un emploi lucratif.

Tous les faits que nous venons de citer sont des indices généraux qui paraissent démontrer l'accroissement de la richesse et le développement de la production qui en est la source. Ces constatations conduisent à penser que la hausse des salaires a résulté de l'abondance des produits utiles, beaucoup plus que des coalitions ouvrières.

D'autres indices moins généraux, mais également intéressants et typiques, peuvent encore être signalés. Tel est, par exemple, l'accroissement du nombre des patentés du commerce et de l'industrie ; telle est l'augmentation des valeurs locatives servant de base aux droits proportionnels de patente. L'accroissement du nombre des patentés, c'est-à-dire des patrons, démontre l'exagération des déclamations relatives à la prétendue monopolisation du Commerce et de l'Industrie ; il suppose, en outre, la multiplication des fortunes moyennes nécessaires pour la constitution et la marche régulière des entreprises.

L'élévation des valeurs locatives confirme le développement de la richesse immobilière, il atteste indirectement l'importance des établissements dont le nombre s'est accru puisque celui des patrons patentés a augmenté.

Voici le relevé des cotes de patentes depuis 1852 jusqu'à 1905 et nous donnons en note quelques explications utiles relatives aux modifications de la législation :

Nombre des cotes de patentes
(y compris les professions libérales)

	1852......	1.535.000
	1855......	1.664.000
(1)	1860......	1.678.000

1. Chiffre faible, parce que l'exemption de la patente a été prononcée en faveur des ouvriers par la loi du 4 juin 1858.

(1)	1865......	1.693.000
	1869......	1.775.000
	1875......	1.796.000
(2)	1880......	1.862.000
	1885......	1.941.000
	1890......	2.005.000
(3)	1895......	2.070.000
	1900......	2.137.000
	1904......	2.215.000

Il est visible que le nombre des patentés s'est accru en quarante ans avec une extrême rapidité en dépit de la prétendue concentration de la production capitaliste et du commerce soumis au régime « anarchique », de la concurrence. L'augmentation constatée dépasse 3o o/o malgré les exemptions nouvelles accordées par les lois en vigueur. L'augmentation déplorable du nombre des débits de boisson, ne saurait l'expliquer tout entière.

Aux mêmes dates, nous relevons le montant des valeurs locatives servant de base au droit proportionnel.

Valeurs locatives

1852........	409 millions de francs
1855........	579 —

1. Même observation. Exemptions accordées par la loi du 2 juillet 1862.

2. La loi du 15 juillet 1880 exempte les associés sécondaires exerçant certaines professions marqués dans le tableau C. (Industrie).

3. Tous ces chiffres, il est vrai, comprennent ceux qui se rapportent aux débits de boisson.

1860........	629	—
1865........	668	—
1869........	824	—
1875........	887	—
1880........	1.043	—
1885........	1.200	—
1890........	1.252	—
1895........	1.305	—
1900........	1.392	—
1905........	1.481	—

Ainsi le montant de valeurs locatives a triplé.

Cette hausse ne résulte pas seulement de la plus-value acquise par les loyers ; il est clair que le nombre et l'étendue des locaux commerciaux ou industriels ont également augmenté. Des enquêtes précises, comme celles qu'a publiées l'Administration des contributions directes, le démontrent surabondamment. Nous le répétons, les statistiques relatives aux patentes constituent encore un indice du développement de la richesse.

Il en est de même pour l'agriculture. L'augmentation du nombre des petits patrons et surtout des petits propriétaires ruraux démontre que les épargnes des classes rurales sont devenues plus abondantes et plus générales. Tout exploitant, propriétaire ou non, possède, en effet, un capital de culture dont il ne peut se passer.

Or, les cadres du patronat agricole se sont élargis tandis que ceux des salariés devenaient plus étroits. C'est ce qui semble résulter avec évidence des enquêtes officielles publiées dans notre pays depuis quarante ans (1). Le nombre des propriétaires cultivant exclusivement leurs biens passe de 1.812.000 en 1862, à 2.150.000 en 1882 (2), et à 2.199.000 en 1892. C'est là le fait saillant à mettre en lumière. D'autre part, le nombre des patrons, en général, s'accroît tandis que celui des salariés diminue. En voici la preuve tirée des statistiques du Ministère de l'Agriculture.

	1862	1882	1892
	Milliers de personnes		
Propriétaires-cultivateurs.......	1.812	2.150	2.199
Fermiers	1.035	968	1.061
Métayers	405	341	344
Total des patrons.	3.252	3.459	3.604
Régisseurs.......	10	17	16
Journaliers	2.003	1.480	1.210
Domestiques.....	2.095	1.954	1.832
Total des salariés.	4.108	3.451	3.058

C'est évidemment l'augmentation de la richesse acquise qui explique ici encore l'augmentation du nombre des chefs d'entreprise, propriétaires-

1. Voir les enquêtes décennales agricoles de 1862, 1882, 1892, le livre de M. Souchon sur *La Propriété paysanne*, etc.
2. Malgré la perte de l'Alsace-Lorraine où l'on comptait beaucoup de petits propriétaires.

cultivateurs, fermiers, métayers ; il est, d'autre part, très probable que la réduction du cadre des salariés s'explique par un simple déclassement ; beaucoup de journaliers et de domestiques étant devenus exclusivement des patrons (1) parce qu'ils ont vu grossir leur fortune.

C'est là un indice nouveau de l'élévation très générale du niveau de la richesse, et une preuve de la multiplication des petits capitalistes dont l'épargne devenue possible, avait fait des chefs d'entreprise.

Sans doute, tous ces faits sont connus, mais il est indispensable, cependant, de les grouper, de les joindre à ceux que nous avons déjà signalés et d'arriver ainsi à comprendre pourquoi les salaires ont subis l'influence de l'essor extraordinaire de la production, de l'accroissement des capitaux et d'une aisance générale qui nous paraît incontestable.

Il y a lieu, enfin, de tenir compte d'un phénomène démographique important, l'accroissement très lent de la population, durant la période dont nous parlons. De 1821 à 1851, l'augmentation du nombre des habitants est considérable ; elle atteint 5 millions. De 1851 à 1886, pendant trente-cinq ans, la population ne s'accroît que de 2 millions 460.000 unités, soit moitié moins. L'annexion de la Savoie et du comté de Nice nous avait donné 689.000 habitants et la perte de

---

1. Il est certain, d'ailleurs, que beaucoup de journaliers sont propriétaires.

l'Alsace nous enlevait 1.600.000 Français. La diffé-
rence ne s'élève qu'à 911.000 personnes. En
supposant même ce nombre grossi d'un dixième
pour tenir compte de l'augmentation qui se serait
produite depuis 1871, nous ne trouvons que 3 millions 400.000 habitants venant grossir la population française, alors que de 1821 à 1851,
l'augmentation atteint le chiffre de 5 millions
300.000.

La richesse s'accroît, la productivité même des
capitaux augmente, et le nombre des Français s'é-
lève avec plus de lenteur.

Ces deux phénomènes ont exercé une action
combinée sur la marche des salaires. Il y a là,
en tout cas, un ensemble de faits pertinents et
admissibles comme on dit dans la langue du
Palais. Est-il besoin de chercher ailleurs la cause
véritable de la hausse de prix du travail manuel?

Enfin, depuis vingt ans, de 1886 à 1906, on a
observé les mêmes phénomènes.

Les indices qui nous révèlent la progression de
la richesse sont peut-être moins visibles, mais il
est toujours possible de les signaler. La baisse
des prix, les crises et les malaises de l'agriculture
et de l'industrie, ont frappé les esprits et provoqué des plaintes générales. Il ne semble pas que
les salaires aient été affectés par la réduction des
profits. Le coût de la vie a diminué pour les salariés et l'affaissement prolongé du cours des matières alimentaires ou des principaux produits
manufacturés leur a certainement profité.

La population s'accroît avec une extrême lenteur ; sur beaucoup de points elle reste stationnaire ou elle décroît.

*
* *

Augmentation de richesses, faible accroissement de la population, ces faits suffisent à expliquer la marche ascensionnelle des salaires durant la seconde moitié du XIXe siècle. Il est démontré par l'expérience que la classe ouvrière a profité dans la plus large mesure du développement de de la production et de la puissance d'action des capitaux épargnés. Il est certain, cependant, que jamais l'impatience de s'élever plus haut, la haine de l'inégalité sociale, l'hostilité systématique à l'égard des chefs d'entreprise, n'a été aussi nettement accusée que depuis vingt ans. La grève, exercice légal d'un droit, est l'arme employée quotidiennement (1) dans une lutte économique qui est devenue une « lutte de classe » selon la formule du prolétariat « conscient ». A mesure que la condition matérielle de l'ouvrier s'élève, ses exigences s'accroissent. « Aujourd'hui, moins que jamais, dit-on couramment, il ne faut oublier que pour obtenir la reconnaissance de son droit, il est nécessaire d'avoir soi-même le courage de l'imposer. » (2). Beaucoup d'ouvriers, dans les

1. Il suffit de lire les journaux du parti socialiste pour trouver chaque jour l'annonce d'une grève.

2. Manifeste général du Syndicat des Sous-Agents des Postes, octobre 1905.

villes et dans les campagnes, croient à l'existence des immenses richesses dont le régime de la propriété privée et du contrat de salaire aurait pour effet de les priver. Dès lors, rien ne saurait satisfaire leur ambition ou calmer leur impatience.

La médiocrité de leur existence leur paraît d'autant plus insupportable qu'ils conçoivent plus souvent l'idée de s'y soustraire. Cet état psychologique a été noté d'un trait précis par un historien qui analysait les sentiments de la foule avant la chute de l'Ancien régime :

« L'imagination, écrit-il, s'emparant d'avance de cette félicité prochaine et inouïe, rend insensible aux biens qu'on a déjà, et précipite vers les choses nouvelles. » (1).

En fait la situation n'est pas comparable. La Révolution a changé une organisation politique sans modifier les principes du droit de propriété, sans toucher au salariat.

L'ouvrier socialiste de 1900 rêve, sans la concevoir et la préciser, une organisation sociale nouvelle qu'aucun peuple n'a jamais connue ou appliquée.

Est-il possible, sans aller si loin, que le salaire et le contrat qui le règle donne au travailleur manuel une part beaucoup plus large? Une lutte de classe plus ardente et plus habile eût-elle assuré aux ouvriers une rémunération plus élevée durant la seconde moitié du xixe siècle? Il nous

1. De Tocqueville. *L'Ancien Régime et la Révolution*, p. 260.

semble indispensable de répondre à cette question dès à présent, et de nous demander si cette hypothèse n'est pas chimérique parce que l'on se fait communément des illusions sur la masse des richesses produites et qui pourraient être autrement distribuées.

DE LA HAUSSE DES SALAIRES

ET

DES ILLUSIONS RELATIVES A LA MASSE DES RICHESSES PRODUITES

Sur ce point, les masses ouvrières et même cer tains hommes instruits paraissent partager les plus fâcheuses illusions. Personne ne se demande si la « révolution sociale », la hausse des salaires, l'intervention de l'Etat en faveur du salarié, peuvent élever réellement la condition matérielle du travailleur manuel. Chose étrange, jamais cette question n'est même posée. Il est soi-disant démontré à l'avance et comme évident que la richesse produite est assez grande, qu'elle naît et renaît avec une assez merveilleuse facilité pour suffire à toutes les exigences et satisfaire tous les appétits. Au besoin même, si quelques objections les arrêtent, certains réformateurs nous parlent d'une « révolution de richesse », d'un accroissement prodigieux de la puissance de l'homme sur la nature et sur la vie qui sera — immédiatement, certainement — le résultat d'une transformation sociale, de l'abolition de la propriété individuelle par exemple.

Il importe, en vérité, de montrer jusqu'où peuvent aller, à cet égard, l'optimisme, l'illusion ou l'ignorance.

Au Congrès de Paris (1), en 1880, un orateur disait sans hésiter :

« Toute propriété doit être mise aux enchères, ce qui doit rapporter à la masse une *rente de 20 milliards* auxquels il faudrait ajouter la valeur du capital produit par les générations passées et ce qui resterait à la collectivité par la mort quotidienne des citoyens dont la société est l'héritière naturelle, et l'on trouverait ainsi une rente de 800 francs pour chaque citoyen ! »

Ce pauvre visionnaire est de bonne foi; il confond sous le nom général ou l'épithète de « propriété » les immeubles et les meubles dont la « rente » serait de 20 milliards. Cette « rente » est bien supérieure au revenu net connu des terres, maisons et usines. Quant aux matières premières ou approvisionnements de toutes sortes, ils ne fournissent pas de « rente » et la consommation les absorbe à moins que l'action combinée du travail et des agents de transformation, terres ou capitaux, les fasse renaître.

On ne voit pas davantage comment il serait possible d'ajouter à la valeur de toutes les « propriétés » celle des capitaux produits par les générations passées, et surtout l'héritage des capita-

___

1. *Les Congrès ouvriers*, par M. de Scilhac, p. 54.

listes déjà dépouillés, puisque l'État aurait saisi entre leurs mains toutes ces « propriétés » et tous ces capitaux « produits par les générations disparues ».

Certes le revenu annuel de tous les Français est considérable. M. Leroy-Beaulieu l'évalue à 3o ou 3a milliards. Il s'agit ici non d'une « rente » dont nos concitoyens jouiraient comme du tribut payé par le vaincu au vainqueur antique, mais de la masse globale des intérêts, des profits, et des salaires entre lesquels se divise la richesse produite.

Encore faudrait-il retrancher de ce total l'amortissement de maints capitaux périssables, et de tous les outillages dont les progrès incessants de la technique industrielle réduisent la valeur à fort peu de chose.

En réalité, ce que croit de bonne foi cet orateur de Congrès c'est que la suppression des « rentes » payées aux « propriétaires » ou « capitalistes » permettrait de disposer annuellement de 2o milliards, *tant est grande la quantité des richesses produites et accaparées aujourd'hui par une minorité de privilégiés.*

On nous dira, peut-être, que cette illusion est trop visible pour qu'il faille s'attarder à la dissiper.

Eh bien ! Non. La foule « croit » qu'il existe ainsi des richesses immenses réservées aux favo-

---

1. *Traité de la science des Finances*, t. I. Notions générales sur l'impôt., *in fine*, p. 13a, 4ᵐᵉ édit., 1888.

ris de la fortune et nous pensons qu'il faut combattre cette opinion, cette croyance.

Elle est, d'ailleurs, partagée par des esprits fort distingués. M. Paul Lafargue (1) dit résolument : « La division des hommes, égaux à l'origine, en classe exploitrice et classe exploitée est due précisément à l'impossibilité dans laquelle se trouvaient l'industrie et l'agriculture rudimentaires du communisme primitif de subvenir aux besoins qui croissaient avec la multiplication des hommes et avec leurs progrès sociaux.

« *Mais la mécanique et la chimie industrielle ont tellement puissancié* (sic) *la productivité humaine qu'il n'existe pas de besoins normaux dont on ne puisse assurer la satisfaction et au delà avec luxe.* »

On chercherait vainement dans tout l'ouvrage un seul chapitre consacré à l'étude de ces richesses capables d'assurer les besoins normaux avec luxe ! Pour M. Lafargue, c'est là une vérité évidente par elle-même.

M. Jaurès ne parle pas autrement (2) :

« Le rôle initiateur et civilisateur des classes dominantes est inutile désormais et onéreux, le progrès humain peut être à la fois, *dès maintenant*, énergique et homogène (?), il peut entraîner et soulever, d'un mouvement uniforme, toute la masse de la nation, et il n'est pas à craindre,

1. *Origine et évolution de la propriété.* Delagrave, 1895. Voir p. 520.
2. *Revue Socialiste*, août 1895. L'organisation socialiste,

si le ressort capitaliste est brisé, que l'activité générale se détende. D'abord, l'idée même du progrès a pénétré jusqu'au fond même des cerveaux les plus obscurs et les plus routiniers ; *il n'est pas de paysan dans le hameau le plus écarté, qui ne sache, d'une certitude absolue que la force humaine n'a pas dit son dernier mot. Puis, dès aujourd'hui, la puissance du machinisme est telle que tous les hommes savent et conviennent qu'appliquée avec ensemble et méthode et développée par un énergique parti pris social, elle peut accroître infiniment la productivité du travail humain...*

« Si ce qui est gaspillé aujourd'hui en fausses jouissances et en pure vanité était appliqué d'emblée au perfectionnement de l'outillage social et à l'enrichissement du sol, la condition de tous ne tarderait pas à être haussée *à ce qu'est aujourd'hui la condition de la bourgeoisie moyenne* et en même temps, la société tout entière, par une large hygiène, par la diffusion des œuvres d'art, par les contacts multipliés de l'homme avec la nature, se dirigerait vers ce que le grand luxe a de noble et de beau... »

Ce morceau de rhétorique prouve surabondamment que son auteur « croit » à l'abondance prodigieuse des richesses gaspillées par la bourgeoisie avec un « lâche égoïsme ». Nulle part cependant, il n'a pris soin d'appuyer ses affirmations sur une preuve. Le *machinisme* explique tout... même la possibilité de multiplier les matières premières et les denrées alimentaires que les machines ne produisent pas, car elles ne servent qu'à les transformer. Il nous semble, que le problème de la production terrienne méritait au moins d'être discuté sinon résolu. L'accroissement du bien-être, le luxe, nous apparaissent ici comme des images étincelantes qui éblouissent les « croyants » au lieu de les éclairer.

Certes, les appétits matériels sont la solde des masses qui servent les grandes causes sans les comprendre ; encore faudrait-il démontrer... et l'on affirme !

Nous trouvons les mêmes « croyances » et les mêmes affirmations dans l'ouvrage récemment publié d'un économiste et d'un jurisconsulte, M. P. Bureau (1),

Il expose et défend cette doctrine étrange qui prétend expliquer la hausse du salaire par l'extension des besoins et de leurs exigences :

« Le progrès social et la civilisation sont promus non pas tant par l'économie (2) des richesses que par leur consommation. » L'auteur de cette théorie ne paraît pas s'inquiéter de la production et de la masse disponible des richesses partageables. M. Bureau ajoute :

« Suivant la très fine formule de Mac Culloch, « l'abaissement de l'opinion des classes laborieuses au regard du mode de subsistance qui devrait être le leur, est peut-être le plus grave de tous les maux qui puissent les atteindre. »

1. *Le Contrat du Travail.* Alcan, 1902.
2. Gunton, *Wealth and Progress.*

Que de fois cette phrase revient à l'esprit quand, *après avoir visité une usine aux métiers d'une puissance productrice si merveilleuse*, on pénètre dans le logement infect d'une famille ouvrière ! *On a la sensation physique, en quelque sorte, que le difficile n'est pas véritablement*, quoi qu'en disent les employeurs, de faire remonter le salaire au taux qui permettra le maintien de la femme au foyer, une alimentation et un logement plus sains, mais de réveiller en ces âmes ouvrières déchues le besoin de ces choses pourtant essentielles. Elles ont désappris la manière de vivre normalement ! Et elles en sont arrivées à cette triste condition dans laquelle l'homme perd la conscience même des fléaux qui le dégradent.

« *Le jour où cette conscience se réveillerait, la hausse des salaires suivrait fatalement, car la production des richesses est assez abondante à notre époque pour permettre à tous de mener une vie digne d'une créature de Dieu.* »

L'affirmation est nette, catégorique. Ce n'est pas la production qui est insuffisante, c'est la répartition qui est mauvaise.

Cette opinion nous paraît dangereuse, parce que nous la jugeons fausse.

En matière économique, nous ne pouvons pas accepter comme vérités des « sensations physiques » et des actes de foi dans la vertu productrice merveilleuse de la mécanique contemporaine.

Ce sont encore et toujours des affirmations implicites ou explicites que nous trouvons dans les documents parlementaires qui se rapportent à l'organisation du travail, à la législation sociale, à la codification des lois du travail. Dernièrement, le rapporteur de la Commision du Code du travail, M. Charles Benoist, écrivait ces lignes :

« Le Code civil n'était guère que le Code de la propriété ; mais voici qu'allait désormais se constituer et que déjà s'ébauchait un Code du travail dont les décrets de février et de mars 1848 sont comme les premiers articles. A partir du point de jonction des deux révolutions économique et politique, à dater du jour on la proclamation du suffrage universel transférait au Nombre conscient ou convaincu de sa misère le pouvoir législatif, c'est-à-dire le pouvoir ou l'illusion de pouvoir atténuer, sinon guérir, sa misère par la loi, il était évident et il était inévitable que la législation, changeant d'auteur prochain ou lointain changerait d'objet et changerait de nature. Dans toute société et en tout temps, partout et toujours, on sait qu'il y a deux partis et que, au bout du compte, il n'y a que deux grands partis. Il y a ceux qui possèdent et qui veulent garder, ceux qui ne possèdent pas et qui veulent — sans doute serait-il excessif de dire : qui veulent prendre, — disons donc ceux qui n'ont pas et qui veulent avoir. Mais comment la législation serait-elle la même, faite par ceux qui ont où par ceux qui n'ont pas ? Le regard exercé de Tocqueville ne pouvait s'y tromper ; alors que les contemporains ne voyaient qu'une des deux révolutions, il voyait les deux, et déjà lui seul, peut-être, si d'autres l'ont répété depuis, il disait le mot de l'homme d'Etat : « Il est contradictoire que le peuple soit à la fois misérable et souverain. »

« La loi changée, le législateur changé, le peuple misérable devenant le peuple souverain, *c'était le peuple employant sa souveraineté* contre sa misère, et c'était non seulement tout l'Etat retourné mais toute la Société remuée. »

Or ces mots ne signifient rien ou ils veulent dire que la loi va intervenir plus efficacement et plus souverainement que jamais pour modifier la répartition de la richesse produite. Et cette volonté n'est que le résultat d'une illusion presque folle si le Nombre, et ses représentants ne croient pas et n'affirment pas implicitement que cette richesse est dès à présent assez ample pour assurer à tous le bien-être relatif qui devient un droit, la conquête du plus fort dans « l'Etat changé, dans la Société remuée ».

Ne croyez pas, en effet, que les améliorations déjà réalisées sous l'action des lois économiques puissent satisfaire le Nombre. M. Benoist, nous le dit et il a raison de ne pas nous laisser des illusions. « Tous les statisticiens, tous les économistes et tous les sociologues ont beau faire : quand même ils nous démontreraient par des chiffres irrécusables que l'ouvrier d'aujourd'hui peine moins, gagne plus, est mieux logé, mieux vêtu, mieux nourri que l'ouvrier d'autrefois, si bien que son existence, en somme, loin d'être

____

1. Rapport Parlementaire, nᵒ 2262, p. 10.

pire, est certainement et de beaucoup meilleure ; ce serait peut-être la vérité statistique, économique et sociologique ; mais ce ne serait point la vérité, car l'élément psychologique, qu'ils ne peuvent saisir et noter d'un coefficient, l'incalculable, l'impondérable leur échappe, qui vient tout fausser. Mais la fatalité, ou plus exactement la loi de concentration... a fait que la misère de chacun n'a jamais semblé à tous plus lourde que depuis qu'elle s'est réellement allégée, et que jamais l'inégalité n'a autant pesé que depuis que la plus solennelle des promesses a aussi généreusement qu'imprudemment allumé au cœur des foules l'ardent désir de l'égalité parfaite... »

Laissons de côté le désir de l'égalité parfaite et demandons-nous ce que supposent les exigences du Nombre et les votes de ses représentants. Ces exigences et ces votes du législateur supposent invinciblement le partage de richesses que le peuple et ses ministres savent ne pas exister, et c'est la démence ; ou bien ils supposent une ignorance complète des réalités, et c'est là, précisément, ce que nous voudrions démontrer.

Il y a également une large part d'ignorance dans la recherche des solutions, rapides, immédiates, des problèmes sociaux relatifs à l'invalidité, à la retraite des travailleurs, à l'augmentation des petits traitements, à la taxation progressive des gros revenus, etc., etc.

Il nous plaît de supposer que maint législateur n'hésite pas à grossir le budget parce qu'il croit réellement, sincèrement, à la possibilité d'en gonfler les recettes par des prélèvements faits sur les richesses immenses que la production moderne et le machinisme créent sans efforts, mais avec une incomparable puissance.

Nous prétendons, au contraire, prouver que les richesses sont trop rares encore. A côté de la production qu'on voit, il y a une consommation énorme que cette production même suppose et absorbe. En résumé, il y a des illusions à dissiper au lieu de se laisser abuser par elles et de crier ensuite à la trahison.

Nous nous sommes enrichis, à force de sacrifices, d'efforts, d'épargnes, et de temps. Oui c'est vrai ; mais nous sommes encore trop pauvres, pour pouvoir relever d'un seul coup la condition matérielle de ceux qu'on appelle le Nombre. Oui, ce terme est bien choisi ; c'est parce le peuple est le Nombre que son bien-être et ses loisirs croissent lentement. Pour que la part de chacun soit plus forte, il faut que la masse à partager soit énorme. Il suffit de quelques averses pour gonfler un ruisseau, mais il faut cent ruisseaux débordés pour élever de quelques centimètres le niveau d'un grand fleuve.

I

Le public, toujours frappé de ce qu'il voit et de
ce qu'il touche, se fait certainement des illusions
au sujet de la productivité réelle de l'industrie
humaine et des forces naturelles dont nous dispo-
sons. Ainsi, le public voit et touche les machines
dont la puissance extraordinaire paraît d'autant
plus admirable qu'il suffit, dit-on, de les multiplier pour augmenter presque indéfiniment leur
productivité.

Comment admettre que la richesse n'est pas
décuplée ou centuplée par l'usage de ces outils
merveilleux qui filent, tissent, transportent, sans
que l'homme intervienne et fasse autre chose
que surveiller ?

Il y a là, pourtant, une large part d'illusion et
d'erreur. C'est ce qu'a très bien vu M. Leroy-
Beaulieu et ce qu'il démontre dans divers chapitres de ses deux ouvrages sur la *Répartition
des Richesses* et sur la *Science Economique* (1).

Une partie des machines à vapeur et de la

1. *Traité d'Economie Politique*, t. I, p. 496 et suiv.

force énorme qu'elles produisent est employée au transport des personnes ou des choses.

Il n'y a pas production directe.

Beaucoup de machines servent à faire d'autres machines ou des instruments qui ne sont pas consommables.

« Une considération plus importante encore, ajoute M. Leroy-Beaulieu, c'est que les 4 millions 809.188 chevaux-vapeur ne se sont pas faits tout seuls, ne s'entretiennent pas d'eux-mêmes, et qu'ils exigent un personnel humain énorme uniquement pour les construire, pour les réparer, pour les nourrir, pour les surveiller et en tirer parti.

« Il faut les nourrir avec de la houille que plus de 100.000 ouvriers extraient de la terre principalement à cette fin (car la consommation domestique de la houille est très inférieure à la consommation industrielle) et qu'un nombre supérieur encore d'ouvriers transporte en charrette, par voies ferrées, par bateaux. Ces chevaux-vapeur, il faut les loger spacieusement, leur construire des bâtiments, les y installer, et un nombre énorme de maçons, de charpentiers, de couvreurs, d'ajusteurs y sont occupés. »

Toute cette argumentation excellente et décisive s'applique aux machines en général.

L'utilisation de certaines forces gratuites ou réputées telles, celle de l'eau (la houille blanche), celle du vent, exige également des dépenses de premier établissement et d'entretien. Le ruisseau ou le torrent doit être canalisé, dérivé, amené dans des tubes inclinés qui permettront d'utiliser sa puissance vive dans une usine. Mais il faut précisément construire cette usine, les turbines, les roues, les appareils chargés de transporter et de transformer l'énergie produite. On n'utilise pas davantage la puissance vive du vent sans un moulin, ou un appareil de mâture et de voilure. L'eau des fleuves ne peut servir à l'irrigation qu'après avoir été recueillie dans les canaux ou élevée par des pompes comme celles qui fonctionnent dans les régions du Languedoc où l'on pratique la submersion des vignes.

Les transports, ainsi que nous l'avons fait remarquer plus haut, n'accroissent pas immédiatement et directement la masse des richesses produites et il en est de même pour toutes les manipulations du commerce qui procède, lui aussi, à des déplacements très nombreux à de courtes distances.

Le service des livraisons organisé par les grands magasins ou même par les plus modestes détaillants, occupe un personnel considérable, dont l'utilité n'est ni contestée ni contestable malgré les exagérations de langage des ennemis de « l'intermédiaire ».

Il est clair, toutefois, qu'une partie de la population ne travaille pas à la « confection » d'un produit, à la transformation d'une matière brute, ou à la production de cette matière première. La quantité des choses consommables est donc fatalement réduite par la réduction même du personnel qui a pour objet de les produire. Ceux qui rendent ces services utiles — mais non immédiatement productifs de denrées — reçoivent pourtant une rémunération et ils touchent une part des marchandises que leur activité n'a pas directement concouru à faire naître : pain, viande, étoffes, métaux, etc.

Sans doute l'entrepreneur de transport, le commerçant sont si utiles que la production ne saurait se développer sans leur collaboration.

Mais il faut alors que la puissance productive des autres classes multiplie les richesses pour satisfaire aux besoins de ces nombreux auxiliaires que la division du travail a multipliés dans nos sociétés contemporaines.

Il nous paraît même certain que cette division du travail doit concourir à entretenir les illusions du public au sujet de la productivité de l'industrie humaine ou de son activité générale. On voit assez rarement une richesse produite immédiatement sous la forme qui la rend directement consommable. Les exemples abondent. Le blé, richesse agricole, doit devenir farine ; à cet état, le blé ne sert qu'à un petit nombre d'usages. C'est le boulanger qui opère la transformation définitive à moins que ce ne soit le fabricant de pâtes, le fabricant d'amidon, ou l'apprêteur qui vont en définitive, *consommer* le blé devenu farine, puis amidon, puis apprêt.

La laine est bien une richesse, mais elle n'est pas utilisable sous cette forme. On la transforme en fil, en drap, et c'est le tailleur qui lui donne, après tant d'autres, une dernière façon.

Or, le public *voit*, toutes ces activités successivement employées, toutes ces industries où les hommes travaillent sans relâche ; et le public croit que chacune des tâches séparées a pour objet de fournir un produit achevé, mais cela n'est qu'une apparence : Chaque industrie produit les matériaux utilisés par celle qui accomplit une deuxième transformation, et ainsi de suite jusqu'à ce qu'un dernier industriel fournisse, enfin, la denrée immédiatement consommable et en vue de laquelle toutes les industries précédentes ont successivement travaillé. Bien plus, chacune de ces étapes suppose des transactions, des transports, et par conséquent l'emploi d'autres activités qui ne concourent pas directement — nous l'avons vu — à la production de la richesse qu'elles déplacent ou qu'elles échangent. Tous ces échanges se chiffrant par millions ou par milliards éblouissent et abusent l'observateur superficiel. Il ne voit pas que la matière première, le produit dégrossi, la denrée à moitié façonnée, passent de main en main, sans que la quantité des richesses soit le moins du monde proportionnelle à la masse des échanges, des transports ou des transformations.

Oui, certes, la valeur des matériaux primitifs a augmenté puisque cet accroissement est l'objet même des transformations qu'on leur a fait subir, mais, enfin, il n'y a pas plus de kilos de farine dans le pain fabriqué qu'il n'y en avait dans le blé dont on l'a tiré. Le passage des marchandises à travers les ateliers, les wagons ou les magasins, n'a pas plus augmenté leur quantité que le nombre des aiguilles d'une horloge n'est multiplié par leurs passages successifs au-dessus des divisions du cadran. Cette illusion est si naturelle, que les protectionnistes, sincères ou non, en ont tiré toute une argumentation, celle qui se rapporte au développement du travail national. La productivité de l'activité humaine est, pour eux, proportionnelle aux manifestations visibles de cette activité quel qu'en soit le résultat. L'effort est un moyen ; ils en font un but comme l'a montré Bastiat. Le public qui passe, l'observateur superficiel qui ne réfléchit guère, voient, eux aussi, des usines, des manufactures, des magasins, des chemins de fer, et il leur paraît certain que ces activités partout déployées multiplient la richesse immédiatement consommable sur chaque point où elles s'exercent. C'est un mirage. Le produit brut de chaque industrie n'est pas représenté par la valeur des marchandises qu'elle a vendues. Il faut en défalquer la valeur correspondante des matériaux transformés et la plus-value qu'ils ont acquise représente *seule* l'accroissement de richesse dont la société bénéficie. La filature de laine ne produit pas 150 millions de francs parce que les fils vendus par les filateurs représentent pareille somme. Il faut déduire de ce produit brut apparent la valeur de la laine avant sa transformation.

L'industrie lainière du tissage n'ajoute pas pour 600 ou 700 millions de richesses à la masse des biens existants parce que le montant annuel de ses ventes s'élève à ce chiffre — par hypothèse.

Il y a lieu d'en déduire la valeur des fils qu'elle achète, ou de la laine qu'elle a transformée dans ses ateliers. Raisonner autrement, c'est compter deux fois ou trois fois les mêmes choses et se faire les illusions les plus étranges.

Ces illusions, nous les voyons encore apparaître dans l'appréciation des facultés *productives* de la machine industrielle.

Accordons, sans plus tarder, que cet outillage contemporain est merveilleux, mais remarquons que sa *productivité* dépend en définitive de la quantité des matières premières dont la transformation *seule* est assurée par l'outil. Assurément, il n'est point indifférent que la machine moderne opère cette transformation économiquement, rapidement, mais encore faut-il que la matière brute soit abondante pour que le produit fabriqué soit multiplié, et c'est cela qui nous importe le plus en définitive.

La productivité de la machine n'est qu'un des progrès indispensables à réaliser pour accroître la masse des richesses et élever, en fin de compte, la condition matérielle du plus grand nombre.

Or, la production des matières premières dépend de la productivité du sol et de l'industrie agricole. C'est l'agriculture qui nous fournit tous les matériaux d'origine animale ou végétale, c'est-à-dire plus des neuf dixièmes des denrées transformées par l'industrie. Avant de multiplier les toiles, il faut multiplier le coton, le chanvre, le lin et le jute. Avant de multiplier les draps ou les lainages, il faudra accroître la masse des

toisons que portent les bêtes à laine ou à poils.
Avant de multiplier, enfin, les denrées alimentaires, il faut multiplier les récoltes d'où elles sont
tirées.

II

Mais la productivité de l'agriculture n'a-t-elle pas elle-même été exagérée? Certes, de grands progrès ont été accomplis depuis un demi-siècle et surtout depuis trente ans. Il n'est que juste de le reconnaître. Les prédictions pessimistes de Malthus se trouvent démenties et les conclusions de Ricardo sont en contradiction — de nos jours — avec tous les faits observés. De nouveaux territoires sont ouverts à la colonisation agricole et la transformation des moyens de transports rend possible des défrichements incessants parce que des débouchés plus larges — et encore lucratifs — sont ouverts aux produits tirés du sol. La surface cultivée et productive s'accroît même dans les vieux pays et l'augmentation des rendements équivaut à une extension progressive des surfaces. L'amélioration des procédés de culture et des méthodes d'exploitation des animaux enlève toute portée pratique à la loi du rendement non proportionnel dont on parle encore si souvent (1).

1. M. Leroy-Beaulieu en parle, mais pour lui refuser toute valeur.

Encore une fois, tout cela est vrai, nous voyons précisément dans ce développement inattendu, et rapide de la production agricole, en deçà ou en dehors de nos frontières, une des raisons décisives de la hausse des salaires dans la seconde moitié du XIXe siècle ; nous y trouvons l'explication de l'accroissement effectif et merveilleux de la productivité industrielle parce que les matières premières sont devenues plus abondantes au moment même où l'on apprenait à les transformer à moins de frais.

Considérons, cependant, avec quelque attention le spectacle que nous offrent nos campagnes et cherchons, là aussi, l'explication des illusions dont le public est la victime. Sans posséder des connaissances agronomiques, il suffit d'un peu de clairvoyance pour signaler les exagérations.

La plupart des récoltes ne sont pas utilisables dans leur totalité. Une moisson de 100 millions d'hectolitres ne met pas cette quantité de blé à la disposition du consommateur. Le raisonnement que faisait M. Leroy-Beaulieu à propos des machines, s'applique ici avec la même rigueur.

Cette moisson n'a pas germé sans qu'on ait employé des semences. C'est le dixième (1) de la récolte qu'il faut mettre en réserve. Pour les autres récoltes annuelles, la même observation peut

1. Les statistiques agricoles et les traités spéciaux donnent même le chiffre de 14 millions d'hectolitres de semences (froment) pour une récolte qui varie de 100 à 128 millions d'hectolitres.

être faite. La culture des grains pour semence occupe une surface importante, nécessite des frais élevés, occupe un personnel considérable ou le distrait de ses occupations habituelles.

Une foule de denrées agricoles ne sont pas des produits destinés à la vente, mais des moyens de production, de véritables matières premières de l'industrie rurale elle-même. Les fourrages, les grains et racines destinés à l'alimentation du bétail sont dans ce cas. Ces cultures occupent une partie très notable du territoire. Ce serait se tromper étrangement que de compter de pareilles récoltes comme des denrées qui peuvent grossir, sur le marché, la masse des richesses consommables. La masse énorme de matériaux qui est produite par l'Agriculture dans un pays comme la France, n'est donc nullement capable de fournir une égale quantité de substances alimentaires ou de matières premières industrielles dont l'homme puisse faire usage.

« Cela est vrai, nous dira-t-on, pour la production végétale, mais vous oubliez la production d'origine animale, c'est-à-dire le bétail et toutes les denrées qu'il fournit. Or, c'est précisément le bétail qui consomme les grains, racines et fourrages dont il était question tout à l'heure. »

Nous négligeons si peu cette observation que nous venons de la préciser. Oui, les animaux domestiques contribuent à nous fournir des richesses, mais il n'y a pas là une production qui laisse disponible la totalité des terres pour nous donner des grains, des textiles, des oléagineux, où des plantes à fécule et à sucre. L'animal vit d'aliments végétaux ; tout développement de l'élevage suppose l'extension des surfaces qui lui sont consacrées à l'exclusion de celles que les autres produits végétaux pourraient occuper sans cela, et réciproquement, le développement des cultures vivrières restreint l'étendue consacrée à l'élevage.

Voilà précisément pourquoi la France est, aujourd'hui encore, forcée de recourir à l'importation étrangère pour se procurer la plus grande partie de ses matières premières végétales ou animales sans compter une part importante des denrées alimentaires qu'elle consomme. Notre pays ne produit pas le quart de la laine utilisée dans ses manufactures, à peine la moitié de la soie transformée dans ses ateliers, pas un kilogramme du coton qu'elle file ou qu'elle tisse, pas le dixième des graines oléagineuses qu'elle travaille dans ses usines.

Le système protectionniste a pu déplacer certaines activités, provoquer l'extension de certaines cultures mais il a simplement conduit à restreindre l'étendue de celles qui se seraient normalement développées sous le régime de la liberté. La répartition a été modifiée, la surface et la productivité des cultures est restée à peu près la même sauf les pertes résultant d'une orientation arbitraire de la production en dépit des aptitudes culturales des terres qu'on a méconnues ou violentées. Le résultat le plus clair de cette politique c'est le relèvement artificiel du niveau de certains prix et l'établissement d'une véritable taxe sur les objets de première nécessité dont la consommation se trouve grevée. M. Stourm l'a montré récemment avec autant de courage que de clarté (1).

Enfin, nous ne pouvons pas oublier que le développement de la production est lent, très lent, parce que la nature qui la règle n'obéit pas aux volontés humaines.

On pourrait, en quelques mois, ou en quelques années, multiplier à la rigueur le nombre des filatures, des tissages mécaniques, ou des moulins, mais on serait incapable de doubler seulement la quantité de laine, de coton ou de céréales que ces usines devraient travailler.

Nous trouvons, à ce propos, dans nos notes, quelques pages qui mettent bien en relief ce contraste saisissant autant qu'instructif Il nous paraît utile de les reproduire ici, parce qu'elles expliquent clairement l'impuissance relative de l'homme quand il prétend multiplier les richesses que peut fournir l'agriculture :

« Nos industries ont pour rôle et pour but de modifier les qualités ou propriétés d'une matière première quelconque de façon à la rendre capable de mieux satisfaire nos besoins. L'outil, la machine, servent à accroître la puissance de l'homme et à diminuer la somme d'efforts nécessaires pour accomplir les transformations indus-

---

1. Stourm. *Des systèmes généraux d'impôts*, p. 398, 1 vol. Paris, Guillaumin, 2ᵉ édition, 1905.

trielles. Le rôle de ces utiles auxiliaires est, du reste, trop connu, leur influence heureuse a été trop souvent signalée, pour que nous ayons à les rappeler. Mais, il importe de préciser ici le champ d'action de la machine, soit dans l'industrie agricole, soit dans les autres industries.

« Dans la plupart de ces dernières, l'outil ou la machine exécute directement la transformation qui doit accroître l'utilité et la valeur de la matière première employée. S'il s'agit de produire les forces qui servent à faire mouvoir nos steamers ou nos wagons, la houille est la matière première, le réservoir d'énergie, auquel nous puisons, et ce sont les différents organes de la machine à vapeur qui opèrent la transformation plus ou moins économique et parfaite de la chaleur en mouvement. Pour le tisserand, pour l'imprimeur, pour le fabricant de papier, par exemple, la machine exécute l'œuvre principale ; c'est elle qui tisse, qui imprime ; c'est elle qui répartit uniformément la pâte de papier en couche mince et transforme successivement cette pâte, fluide tout d'abord, en une feuille qui est le produit même presque complètement achevé ! Sans doute, il existe, dans l'industrie, mille outils ingénieux qui, sans opérer la modification principale, servent cependant à la préparer ou à la compléter. Mais, on peut dire que la machine accomplit de vrais prodiges, alors surtout qu'elle se charge seule de l'œuvre principale avec cette précision, cette régularité, cette rapidité et cette inépuisable en même temps qu'infatigable énergie dont elle nous paraît douée.

8.

« Quant aux conditions dans lesquelles les machines travaillent pour l'industriel, il faut ajouter qu'elles sont généralement identiques et bien connues à l'avance sans grandes difficultés. Avec un même moteur et un poids égal de combustible d'égale qualité, on obtiendra en France comme en Angleterre, en Europe comme en Afrique, le même nombre de chevaux-vapeur. La même machine tissera, filera ou imprimera dans tous les pays, sous toutes les latitudes et sous tous les climats. Les opérations elles-mêmes, les transformations apportées à la matière brute sont simples ; en outre, elles sont rapides et la plupart du temps on peut en accroître indéfiniment le nombre, les ralentir ou les accélérer, sans avoir à compter avec les influences, atmosphériques.

« En agriculture, la machine ne remplit jamais le rôle principal que nous venons d'assigner aux instruments de la production industrielle ; les conditions du travail et la nature des opérations ne sont pas moins dissemblables. Dans l'industrie agricole, l'homme ne transforme pas lui-même, comme le tisserand ou le potier ; il ne peut qu'assurer dans les meilleures conditions révélées par l'expérience et l'observation, la transformation d'une graine en une plante, ou ce qui est aussi merveilleux la transformation d'un aliment par un être animé. Les machines ne sont plus les instruments aux organes simples et fixes que l'homme modifie à son gré, dont il règle l'action, l'énergie et la productivité. En agriculture, rien de pareil. C'est la plante qui est la machine aux mécanismes cachés dont la vie mystérieuse est réglée par des lois que rien ne révèle tout d'abord.

« La machine, c'est la terre dont on a ignoré si longtemps jusqu'à la composition chimique, jusqu'aux transformations les plus importantes, sous l'influence des saisons, de l'humidité, de la chaleur, sous l'influence de ces organismes microscopiques dont l'action incessante peut rendre le sol stérile ou fécond.

« Ici, nous le répétons, l'action humaine est indirecte...

« *On se demande parfois pourquoi l'industrie agricole ne fait pas plus de progrès, pourquoi sa productivité s'accroît avec tant de lenteur. Peut-être le comprendra-t-on mieux si l'on conçoit nettement les difficultés multiples et à peine entrevues jusqu'à nos jours, de ces transformations qui s'opèrent sous nos yeux, mais suivant des lois que l'homme n'a pu découvrir ou pressentir qu'après de longs siècles de recherches et de tâtonnements.*

« Quant à l'outil mécanique, quant à la machine au sens habituel du mot, son rôle en agriculture ne peut être et n'est jamais que secondaire. A l'inverse de ce qui se passe dans l'industrie, en agriculture, l'opération principale n'est pas l'œuvre de l'outil ; ce dernier est employé aux différentes façons du sol.

« Mais ces services si appréciables et si appréciés qu'ils soient ne sont que d'une faible importance si on les compare à ceux que rendent, dans l'industrie, les machines qui filent, qui tissent ou qui produisent la force. Le rôle des instruments mécaniques est donc tout différent, en agriculture, de ce qu'il est dans l'industrie.

« Les conditions dans lesquelles s'opèrent les travaux mécaniques ne sont pas moins dissemblables la plupart du temps. Si certains instruments tels que la machine à battre, les appareils destinés à la préparation des grains, etc., peuvent être employés à toute époque, à tout instant, avec une régularité parfaite et une efficacité certaine, il n'en est pas de même pour les machines employées à l'extérieur. Les influences atmosphériques, la compacité du sol, etc., etc., rendent toujours difficile et incertain l'usage des instruments. Leur direction, leur traction supposent d'ailleurs, l'emploi de l'homme et des moteurs animés. Les opérations de culture à l'aide de la machine sont, en outre, nécessairement irrégulières et intermittentes. On ne peut se servir du semoir qu'à l'époque des semailles, des charrues qu'au moment des labours.

« Les progrès incontestables de la mécanique agricole ne sauraient donc être comparés à ceux de l'outillage industriel. *Leur action sur la production et sur les prix de revient des denrées a été très limité*...

« A plus forte raison en est-il de même quand il s'agit, non plus de la production végétale à laquelle nous venons de faire allusion, mais de la production animale. Ici, il est évident que le rôle de l'instrument est presque insignifiant. La véritable machine, le seul instrument de production et de transformation, c'est l'animal lui-même. Il n'en est pas de plus compliqué, de plus difficile à connaître et à diriger. Ce sont les lois mêmes de la vie animale qu'il faut pénétrer.

« Est-ce à dire que nous soyons assez mal inspiré pour nier l'importance des services rendus par l'outillage dont dispose aujourd'hui l'agriculteur ? Assurément non ! Grâce aux progrès de la mécanique agricole, le travail des champs est devenu à la fois moins rude et plus parfait. Le semoir permet de réaliser une économie sur les semences... la qualité des produits a pu être améliorée en même temps que les dépenses étaient réduites...

» Il est bon de se garder à la fois d'une défiance exagérée et d'un optimisme aveugle. Nous devons beaucoup au progrès de l'outillage rural, mais il faut surtout demander l'accroissement de nos récoltes, l'amélioration de nos troupeaux et l'abaissement des prix de revient aux observations patientes du botaniste, aux recherches de l'agronome, du chimiste et du physiologiste. »

III

Si l'optimisme de certains savants (1) nous promet des transformations radicales et merveilleuses, les conclusions plus prudentes des spécialistes autorisés (2) nous conduisent seulement à *espérer* une augmentation notable de la production agricole grâce à l'application des découvertes scientifiques. Celles-ci ont déjà exercé une influence certaine et décisive sur les rendements et la productivité de l'activité rurale, mais il y a loin de ces progrès à ceux que l'on peut noter à propos des transformations industrielles. Dans la plupart des pays neufs, l'agriculture et l'élevage sont à l'état rudimentaire et nous n'avons pas à rechercher en ce moment quel avenir leur est réservé. C'est la situation et la productivité de l'agriculture que nous voulons apprécier durant la seconde moitié du XIXe siècle et à ce moment-là seulement.

1. Discours de M. Berthelot cité par M. Leroy-Beaulieu, *Traité d'Economie Politique*, t. I, p. 778.
2. Cités par M. Leroy-Beaulieu, *loc. cit.*, p. 769.

Nous avons insisté avec force sur les progrès réalisés, mais, en revanche, nous n'avons pas hésité à démontrer successivement les illusions de ceux qui exagèrent leur fécondité, et les erreurs de ceux qui confondent le rôle joué par le machinisme industriel avec la puissance d'action très indirecte et très faible de l'outillage mécanique dans l'industrie agricole.

CONCLUSION

Il nous paraît certain, en résumé, que le public et beaucoup de gens instruits se font des illusions graves au sujet de la richesse annuellement produite et consommable dans un grand pays comme la France.

La productivité de l'industrie dépend de la masse des matériaux qu'elle met en œuvre et non pas seulement des perfectionnements mécaniques de son outillage. La quantité des matières premières s'accroît, elle s'est même accrue d'une façon extraordinairement rapide dans la seconde moitié du xixe siècle, mais, à ce point de vue encore, il faut se garder des exagérations et se méfier des mirages.

La production agricole reste limitée par la puissance d'action de l'homme sur les trois machines qui fonctionnent dans les champs à son profit : la terre, la plante, et l'animal. Nous avons entrevu les lois qui régissent ce monde nouveau, mais nous avons affaire à des instruments vivants et que nous n'avons pas construits. En attendant que la synthèse chimique nous fournisse à profusion, l'amidon, les composés azotés analogues à la viande, et mille autres substances utiles ou agréables, il faut bien, cependant, demander à l'agriculture des denrées alimentaires ou des matériaux à ouvrer qu'elle ne nous accorde pas sans parcimonie et surtout sans un long effort. Il nous faut même employer ces « détours » spéciaux dont parle M. Bœhm-Bawerk dans ses ingénieux travaux sur le capital.

Les aménagements, les améliorations culturales ou foncières, les travaux d'irrigation, etc., exigent du temps et nécessitent l'emploi d'énormes épargnes dispersées sur une immense étendue. On n'improvise pas la fertilité, et certaines richesses croissent en dépit de tout avec une fâcheuse lenteur. Il suffit de quelques mois pour fabriquer de l'acier, mais il faut bien des années pour faire croître un animal ou un arbre. Nous avons plus vite fait de tourner une assiette ou de façonner une fourchette que de produire un beefsteak ou même un œuf.

Les cultures vivrières sont restreintes par celles qui produisent des matières premières industrielles. L'œuvre même de la production rurale absorbe une partie des richesses qu'elle produit ; la terre, la plante, l'animal, comme les machines dont parle M. Leroy-Beaulieu, demandent à être produites et voilà des semences, des matières fertilisantes, des aliments à fournir, un personnel dirigeant et surveillant à rémunérer, des transports à effectuer, des échanges à opérer.

Pour que la richesse s'accrût sans trop de mesure et permît une large répartition entre tous les salariés, il faudrait encore plus d'efforts, plus d'épargnes, c'est-à-dire plus de capitaux productifs et d'approvisionnements nécessaires ; il faut surtout plus de temps. Nous sommes riches, mais nous le sommes moins qu'on ne le croit, chacun à une part trop maigre parce que la masse partageable est trop petite et non point parce que certains privilégiés s'attribuent un lot trop considérable.

Nous ressemblons à des parvenus qui héritent de quelque bien et croient leur opulence assurée pour toujours.

La dépense est multipliée, le sac d'écus se vide, et leurs illusions s'évanouissent.

Nous nous croyons trop riches et nous sommes encore trop pauvres pour qu'on puisse élever brusquement la condition matérielle du Nombre au-dessus du niveau qu'elle a atteint.

Les salaires se sont accrus, depuis cinquante ans, parce que la richesse générale a augmenté. Ils ne se sont pas élevés plus haut, parce que cette richesse n'est pas encore assez grande. Les luttes de classe, les coalitions et les grèves, n'ont pas sans doute produit un rehaussement sensible et général du taux des rémunérations. Celles-ci avaient augmenté avant qu'on n'employât, comme une arme familière, les conflits bruyants, persistants et trop souvent destructeurs. — La hausse des salaires s'observe là où ces conflits sont inconnus. Sans nier la légitimité et les avantages limités de la coalition, nous doutons de son efficacité comme moyen de déterminer une amélioration rapide, persistante et vraiment démesurée de la condition du Nombre.

La division arithmétique et égalitaire des richesses partageables par le nombre des copartageants donnerait un quotient misérable, capable d'irriter toutes les convoitises sans les satisfaire.

Nous connaissons, approximativement tout au moins, ce que l'on appelle la richesse des Français, c'est-à-dire le montant de toutes les fortunes privées, M. de Foville (1), M. P. Leroy-Beaulieu, ont proposé des chiffres presque identiques, sans en garantir, bien entendu, la parfaite exactitude.

Voici la liste de ces richesses (2) :

	Milliards de francs
Terres	70
Constructions de toute sorte	50 (3)
Valeurs mobilières	38
Commerces et industries (non-compris les Sociétés anonymes)	15
Mobiliers privés	10
Monnaie (or, argent)	7
Fonds publics étrangers achetés par des Français	5

1. De Foville; *La France économique.*

2. Leroy-Beaulieu, *Traité d'Economie politique*, t. I, p. 238.

3 57 milliards d'après la dernière évaluation officielle qui date de 1901. (Revision décennale du revenu net des propriétés bâties.)

Omissions possibles.............   5
                                  ——
                                    200

Fonds publics français possédés
par les nationaux.............   3o
                                  ——
                                    23o

M. de Foville (1) propose les chiffres suivants :

Milliards
——

Propriétés non bâties...........	8o (2)
Constructions.....................	4o (3)
Fonds d'Etat français et étrangers	3o
Valeurs mobilières non comprises dans les chiffres précédents....	5o
	——200

Combien l'auteur a raison de nous dire ce que
valent et signifient ces chiffres énormes qui
pourraient ouvrir aux espérances un champ sans
limites :

« L'histoire de ces dernières années (4) doit
ouvrir les yeux à ceux qui ont cru la France assez
riche pour payer, outre ses gloires passées, et ses
revers récents, toutes les fantaisies nouvelles auxquelles la conviaient la générosité des uns, l'ambition des autres, les convoitises de ceux-ci et les
passions de ceux-là. Rappelons aux prodigues
que la fortune des peuples peut grandir ou dé-

1. *La France économique*, p. 5ig.
2. Chiffre qui a été adopté avant la crise agricole et la
baisse incontestable du prix des terres.
3. 57 milliards. Evaluation officielle de 1901.
4. Ceci était écrit en 1889, mais reste vrai aujourd'hui
plus que jamais.

croître aussi vite que celles des particuliers. Nos
180 à 200 milliards semblent un trésor inépuisable quand on se dit que la terre, depuis Christ-
ophe Colomb, n'a produit que 90 milliards d'argent et d'or. Mais, d'autre part, 180 ou 200 milliards, c'est à peine 40 fois nos budgets annuels,
à peine 20 fois le devis du programme Freycinet,
à peine 10 fois le coût de la guerre Franco-alle-
mande et de la Commune.

« Quant aux entrepreneurs de liquidations
sociales, qui disaient : « 180 ou 200 milliards pour
38 millions d'hommes, cela fait toujours 4.000 ou
5.000 francs par tête et le partage, dans ces conditions, aurait encore du bon », nous pouvons leur
affirmer que ces 180 ou 200 milliards s'évanoui-
raient bien vite s'ils y mettaient la main. On
partage de l'or, de l'argent, du blé, « on ne partage
pas la richesse collective d'un pays parce que
c'est la confiance qui en est l'âme et qu'on tue la
richesse en tuant la sécurité ».

Quand on va au fond des choses, au lieu de se
contenter des apparences, on voit clairement que
la valeur « immense » de tous les capitaux dépend
du revenu qu'ils donnent, de l'intérêt qu'ils permettent de servir, des profits ou dividendes qu'ils
assurent. Mais, tous ces revenus, ces intérêts ou
ces profits ne sont pas le produit d'une merveilleuse floraison spontanée ; ils sont le résultat du
travail incessant de tous les travailleurs manuels
et intellectuels qui utilisent les agents de production et rendent ainsi leur labeur fécond. Pour se
partager les richesses que fournit la mise en œu-

vre de tous les capitaux, il faut commencer par les produire. Cette fortune de 180 à 200 milliards suppose, en particulier, que la rémunération du travail manuel ne s'élève pas au point de faire disparaître en les absorbant, l'intérêt servi aux capitalistes et les profits obtenus par les entrepreneurs.

Si le montant des salaires payés aux ouvriers d'une mine ou d'une usine grossissait au point de réduire à o le profit net, il est clair que le prix des valeurs mobilières représentant cette mine ou cette usine tomberait aussi à o.

Cessez de prélever sur les revenus individuels la part d'impôt qui correspond au paiement des arrérages de la dette publique, et la valeur de tous les titres de rente française n'est plus que celle d'un assignat. La valeur d'un capital sur le marché s'évanouit quand l'intérêt qui l'explique et la fait naître cesse d'être versé.

La disparition du profit cultural entraîne la suppression du fermage que l'agriculteur ne peut plus acquitter et la valeur vénale du sol ne doit plus désormais figurer qu'à titre de « mémoire » sur la liste des capitaux privés.

« Ce m'est un fort bon signe et ma joie en est grande, dirait un entrepreneur de liquidations sociales. Ces intérêts ou ces profits supprimés représenteraient, précisément la hausse dont les salaires pourraient bénéficier. Le calcul est tout fait et c'est vous qui m'en fournissez le résultat. Le revenu de ces 100 ou 200 milliards, est la part que le salarié abandonne aujourd'hui et qu'il recevra demain. »

En réalité ce raisonnement n'aboutit qu'à une contre-vérité. — Les revenus, intérêts ou profits de ceux qui prêtent (capitalistes) ou qui font valoir leurs capitaux grossis de ceux d'autrui (entrepreneurs), doivent être diminués du montant des taxes qui les grèvent, et surtout de l'amortissement, de l'entretien, de l'amélioration nécessaire des capitaux qu'ils possèdent ou administrent.

C'est sur le même fonds que sont prélevés les épargnes incessantes qui grossissent chaque année la fortune privée de la France et expliquent la hausse continue des salaires.

Mais il y a plus à dire.

D'après l'un des derniers dénombrements, on compte en France 5.532.000 patrons contre 7.732.000 salariés dans l'agriculture, le commerce et l'industrie, y compris les transports, les postes et les télégraphes.

L'intérêt des capitaux et les profits supprimés, le patronat disparaît, mais le patron devient un copartageant tout au moins puisqu'il n'y a plus de salariés ! Ce n'est donc pas entre 7 millions de travailleurs manuels et d'employés recensés aujourd'hui qu'il y aurait lieu de partager la masse actuelle des intérêts et des profits dont nous avons fait état, c'est entre 12 millions de copartageants, sans compter les capitalistes actuels qui auraient bien droit à une part quelconque, et les personnes exerçant une profession libérale, voire même celles qui vivent exclusivement de leurs revenus, invalides du travail manuel ou intellectuel pour la plupart (1).

Et quel est donc le revenu à partager ?

M. de Foville (2) nous fournit une liste des revenus provenant des capitaux.

	Millions de francs.
Propriétés non bâties..........	2.646
Propriétés bâties	2.200
Valeurs mobilières...........	1.595
Créances hypothécaires (3) et chirographaires	500
Dette perpétuelle de l'Etat (4)..	740
Dette amortissable...........	106
Dette viagère (5).............	192
	7.979

On arrive à un total de 8 milliards (6). Il y a lieu nous dira-t-on, de tenir compte des profits (revenus mixtes du capital et du travail des

1. Tout le monde sait que les personnes vivant exclusivement de leurs revenus sont pour la plupart des retraités, des vieillards, des enfants vivant avec ces derniers, et non d'opulents « oisifs ».

2. *France économique*, p. 510.

3. Double emploi évident avec le revenu des propriétés qu'elles grèvent.

4. En admettant que tous les titres appartiennent à des Français.

5. En supposant qu'elle représente un capital versé.

6. C'est le chiffre indiqué par M. Yves Guyot dans son Rapport à l'Institut International de statistique. Guillaumin, 1903. (*Evaluation de la fortune privée en France*.)

patrons-entrepreneurs). Soit, augmentons de moitié ce chiffre de 8 milliards, nous arrivons à 12 milliards pour 10 millions *de familles* en France.

Cela fait — et nous exagérons — 1.200 francs par foyer. Mais alors l'amortissement des capitaux, leur entretien, leur amélioration, deviennent des charges communes qui réduisent cet avantage, ce sur-salaire.

Bien mieux, tous les patrons, tous les capitalistes copartageants ne sauraient se contenter d'une part ainsi réduite.

Ils auraient droit, comme « travailleurs » (car ils le resteraient par nécessité comme par habitude) à une portion de la masse des revenus *actuels* du travail ; leur prélèvement réduirait donc ce prétendu sur-salaire qui est si mince précisément parce que le Nombre, le souverain nouveau et tout-puissant, est représenté par des millions d'ayants droit.

On peut faire la même démonstration d'une autre manière et aboutir à la même conclusion. Il suffit pour cela, de calculer approximativement bien entendu, le revenu national, celui de tous les Français pris en masse. M. de Foville a fait cette évaluation. Pour lui (1), le revenu national annuel doit être compris entre 20 et 30 milliards. M. Leroy-Beaulieu (2), le porte à 30 ou 32 milliards. Déduisons l'amortissement, l'entretien,

1. *France économique*, p. 509.
2. *Traité de la Science des finances.*

les pertes inévitables des entreprises mal organisées ou mal conduites, l'épargne (1) ; il reste à peine 20 milliards pour 10 millions de familles. On voit clairement ici la vérité.

Ainsi nous sommes pauvres, et tous les changements apportés au contrat de travail ne peuvent pas modifier brusquement cet état de choses. Les richesses « immenses » et soi-disant inépuisables, qui peuvent alimenter la Caisse (2) des salaires sont en réalité médiocres et pourtant l'effort toujours renouvelé de la nation, l'activité toujours en éveil d'une légion de propriétaires, de patrons, d'inventeurs, d'ouvriers, sont nécessaires — aujourd'hui — pour conquérir ce revenu global si mince : deux mille francs par famille, peut-être un peu plus, peut-être beaucoup moins !

On touche ainsi du doigt l'impossibilité d'une hausse générale des salaires de 7 millions de personnes en France à l'heure actuelle. Nous sommes encore trop pauvres, et voilà pourquoi les réformes sociales dites démocratiques sont si difficilement réalisables. Sur ce revenu moyen et « schématique » de 2.000 francs par famille, on peut prélever quelques francs pour rémunérer plus largement les activités supérieures, les talents d'administrateur, d'inventeur, le génie scientifique ou artistique, et le mérite financier.

1. Plusieurs milliards par an d'après le même auteur.

2. Nous nous servons de cette expression au figuré pour ne pas employer le mot : Fonds (des salaires) qui rappelle la théorie du *wages-fund* aujourd'hui fort discréditée.

Ces quelques francs multipliés par 10 millions représentent immédiatement un total considérable.

Mais l'opération inverse conduit à des résultats misérables ou à des déceptions irritantes. La réduction des gros traitements, les prélèvements progressifs sur les gros revenus ou les héritages « capitalistes », donnent quelques centaines de millions ; et ces millions répartis en sur-salaires n'élèvent que de quelques francs ou de quelques centimes le revenu des 10 millions de familles qu'on a eu la prétention d'enrichir.

On peut donner 100.000 francs de traitement au directeur d'une compagnie de chemins de fer qui a des talents exceptionnels d'ingénieur, d'administrateur et de financier ; on peut constituer auprès de lui un état-major de capacités hors ligne largement rémunérées. Toutes ces rémunérations ne représentent pas 2 ou 3 millions par an, mais le relèvement du salaire de chaque employé multiplié par 40.000 ou 50.000 correspond à une somme 10 ou 20 fois supérieure.

Pour augmenter de 100 francs par an le traitement de nos 250.000 employés de chemins de fer, il faudrait réduire de 25 millions le bénéfice net de l'exploitation ! Les largesses du législateur contemporain à l'égard des « humbles » travailleurs, qui sont légion, creuseraient dans le budget un trou béant que ne suffirait pas à combler la suppression de toutes les « prébendes » soi-disant constituées en faveur de l'aristocratie « bourgeoise ».

Certains esprits se refusent, chose étrange, à reconnaître ces vérités si simples et à constater l'impossibilité d'obtenir un quotient notable avec un dividende modeste quand le diviseur est représenté par 10 millions de copartageants. La raison nous dit qu'il faut attendre parce que l'expérience et l'observation nous apprennent avec quelle lenteur la richesse partageable s'accroît.

Les impatients qui ignorent disent : « Tout de suite ! »

Louis Blanc a décrit une scène qui marque bien le caractère impératif de ces exigences.

« Dans la matinée du 25 février, dit-il (1), nous étions occupés de l'organisation des mairies, lorsqu'une rumeur formidable monta vers l'Hôtel de ville. Bientôt la porte de la Chambre du conseil s'ouvrit avec fracas et un homme entra qui apparaissait à la manière des spectres. Sa figure, d'une expression farouche alors, mais noble, expressive et belle, était couverte de pâleur. Il avait un fusil à la main, et son œil bleu fixé sur nous étincelait. Qui l'envoyait ? que voulait-il ? Il se présenta au nom du peuple, montra d'un geste impérieux la place de grève, et, faisant retentir sur le parquet la crosse, demanda la reconnaissance du droit au travail...

« M. de Lamartine qui est fort peu versé dans l'étude de l'économie politique, s'avança vers l'étranger d'un air caressant et se mit à l'envelopper des plis et replis de son abondante éloquence.

1. *Révélations historiques*, t. I, p. 135-136.

Marche, — c'était le nom de l'ouvrier, — fixa pendant quelque temps sur l'orateur un regard où perçait une impatience intelligente (1) ; puis accompagnant sa voix d'un second retentissement de son mousquet sur le sol, il éclata en ces termes : « Assez de phrases comme ça ! » Je me hâtai d'intervenir ; j'attirai Marche, dans l'embrasure d'une croisée et j'écrivis devant lui le décret... »

M. Louis Blanc a pu écrire ce décret ; personne n'eût été capable de le faire exécuter en dehors d'une très courte période révolutionnaire, parce qu'il était inexécutable. Il en sera de même demain, si le Nombre dictant sa volonté à la nation, prétend obtenir une hausse des salaires que le développement préalable de la richesse n'a pas rendue réalisable. L'abondante éloquence de M. de Lamartine était plus raisonnable que la promesse de M. Louis Blanc.

Croire à l'existence de richesses inépuisables dans une société qui ne les possède pas, c'est faire preuve d'ignorance. Cette croyance aveugle n'est qu'une superstition sociale. Il n'y a qu'une foi, qui soit permise à cet égard, celle de l'homme d'État éclairé qui observe et affirme le développement continu de la richesse avec la collaboration du temps. Cette foi seule est utile, car elle est une espérance et toute espérance est un calmant. Vivre c'est attendre.

---

1. Il est précisément permis d'en douter.

DEUXIÈME PARTIE

LES COALITIONS ET LES GRÈVES SOUS LE RÉGIME DE LA LIBERTÉ DU CONTRAT DE TRAVAIL

I

L'impatience du salarié ne saurait s'accommoder de la lenteur avec laquelle le développement de la richesse publique entraîne dans son mouvement le prix des journées de travail. La coalition et la grève ont .été employées par les ouvriers bien avant (1) la loi de 1864 pour obtenir un rehaussement des salaires, pour s'opposer à des réductions, ou pour obtenir des avantages de tous ordres.

1. Sans remonter très haut, on sait que les grèves étaient encore assez fréquentes de 1850 à 1861 par exemple. On a compté, paraît-il, 1,000 grèves ayant fait l'objet de poursuites et 1.427 ayant été l'objet d'un commencement d'instruction. (Office du travail. *Enquête sur les Associations profession-nelles*, t. I.)

De 1864 à 1884, l'organisation ouvrière est restée gênée dans son développement régulier et ses manifestations extérieures tant par l'impossibilité légale de constituer des associations professionnelles, que par la répression assez énergique de toutes les atteintes à la liberté du travail. La loi du 21 mars 1884, complément logique et, selon nous, nécessaire, de la loi de 1864, assura, au contraire, un caractère légal à toutes les associations ayant pour objet « l'étude et la défense des intérêts professionnels ». Il est certain, d'autre part, que les atteintes à la liberté du travail furent réprimées avec une mesure, une indulgence, ou parfois même, une sorte de faiblesse, qui laissait aux grévistes plus d'action sur l'esprit des indécis, des timides, ou des dissidents.

Le nombre des grèves s'accroît d'année en année très rapidement à partir de 1864.

En dix ans, de 1865 à 1875 on n'en a guère compté plus de 196. C'est, en quelque sorte, la période de début et d'initiation à la pratique des coalitions.

De 1875 à 1885 (1) ce nombre s'élève à 675. La moyenne annuelle passe ainsi de 19 à 67 ! Enfin à partir de 1890, une statistique annuelle nous renseigne assez exactement sur les mouvements grévistes, leur importance et leurs résultats (2).

Les conflits paraissent se multiplier et prennent une importance considérable qui est mar-

1. De Foville. *La France économique*, p. 202.
2. Publication de l'Office du Travail, et notamment volume de 1899 pour la période 1890-1900.

quée par le nombre des grévistes. Nous trouvons ainsi :

Années	Nombre de		Années	Nombre de	
	grèves	grévistes		grèves	grévistes
		mille			mille
1890	313	118	1896	476	49
1891	267	108	1897	356	68
1892	261	48	1898	368	82
1893	634	170	1899	739	176
1894	391	54	1900	902	222
1895	405	45			

Il est démontré que durant les dix dernières années du ixe siècle, le nombre des conflits suivis de grèves, est, en moyenne, de 421 par année, avec un effectif correspondant de 92.000 grévistes. Pour plus de précision, la statistique officielle a relevé le nombre des jours chômés qui s'élève, par année moyenne, à plus de 1.500.000. Si l'on considère, enfin, les quatre premières années du xxe siècle, on trouve les chiffres suivants :

	Nombre de		
	grèves	grévistes	jours chômés (1)
		mille	mille
1901	523	111	1.862
1902	512	212	4.675
1903	567	123	2.441
1904	1026	271	3.934
Moyennes	657	179	3.228

Le nombre des grèves augmente de 50 o/o, puisqu'il passe de 421 (1890-1900) à 657 (1901-1905) ; l'effectif des grévistes a doublé, et le nombre des jours chômés a plus que doublé, dans le même intervalle.

Sans doute, l'application de ce qu'on a appelé des lois sociales, telle que la limitation à dix heures de la durée du travail dans certains ateliers (loi de 1900), explique l'augmentation des conflits. Nous constatons simplement, ici, le développement du mouvement gréviste, et nous nous contentons d'en préciser toute l'ampleur.

Sous le régime actuel de la liberté du contrat de travail, la double liberté de la coalition et de l'Association met entre les mains de l'ouvrier une arme dont il a appris à se servir et dont il use comme on le voit, avec une extrême facilité.

1. Y compris les jours chômés des non-grévistes peu nombreux.

C'est là, sans nul doute, à nos yeux, l'exercice d'un droit. Nous sommes fondé à affirmer que rien ne semble l'entraver ou le suspendre ; il peut et même il doit, logiquement, entraîner toutes les conséquences prévues et notamment, la hausse des salaires qui en est, la plupart du temps, l'objet principal.

II

Cette question du but ou de l'objet de coalitions ouvrières mérite, d'être résumée avec précision. Nous possédons des statistiques officielles et probablement exactes depuis 1890. Durant les dix années 1890-1899, les causes qui ont provoqué des coalitions ouvrières, ont été ainsi groupées (1).

Le nombre des « causes de grève » a été porté à quatorze. Comme la même grève a, le plus souvent, diverses causes, il en résulte que le nombre de ces « causes de grèves », est supérieur à celui des conflits constatés. L'effectif des grévistes se trouve également exagéré par cette méthode de groupement. On peut, cependant, apprécier avec une évidente certitude, l'importance relative des diverses « causes de grève » par rapport au total. Il est visible que les discussions relatives aux salaires et surtout à la quotité des salaires (à l'exclusion du mode de paiement) sont de beaucoup les plus nombreuses, et correspondent à des

1. Direction du Travail, 1900. *Statistique des grèves pendant l'année 1899*, p. 294-295.

Causes principales	Nombre des		Nombre o/o des	
	grèves (1)	grévistes	grèves	grévistes
		mille		
Augmentation de salaires	2.125	541	40,7	37,3
Réduction de salaires	544	56	10,4	3,9
Réduction heures de travail (avec hausse au maintien du salaire).	472	141	9,0	9,8
Contestations pour salaire (mode de paiement)	347	196	6,6	13,5
Réglementation du travail	295	106	5,7	7,4
Travail aux pièces.	103	11	1,9	0,7
Question des amendes	149	17	2,9	1,2
Renvois d'ouvriers	132	66	2,5	4,5
Demandes de renvois d'ouvriers..	319	70	6,2	4,9
Contremaîtres ou directeurs	447	79	8,7	5,4
Demandes de renvois de femmes.	37	2	0,7	0,1
Limitation des apprentis	26	2	0,5	0,1
Retenues pour assurances	128	75	2,4	5,2
Causes diverses...	94	86	1,8	5,9
Totaux	5.218	1.448	100,0	100,0

1. Ce nombre se rapporte aux causes de grèves. Ce nombre de grèves et de grévistes a été répété pour chaque cause. Le nombre des grèves constatées et des grévistes est donc inférieur à ceux de ce tableau.

effectifs de grévistes exceptionnellement importants.

Sur cent causes de grèves, on en compte soixante qui ont pour objet, une augmentation, ou une résistance à la réduction des salaires résultant ou non de la réduction des heures de travail. L'effectif correspondant des grévistes représente 5o o/o du total.

De 1900 à 1905, la situation reste la même. Voici les chiffres que nous relevons dans les volumes annuels de l'Office du Travail :

Causes	Causes de grèves (1900-1905)	
	Grèves	Grévistes
		mille
Augmentation de salaire.	1.985	670
Réduction de salaires.....	3a3	5a
Temps de travail et discussions sur hausse ou maintien de salaire....	456	364
Totaux...............	2.764	1.086
Total des causes de grèves et des grévistes.............	4.931	1.977

Ainsi, durant la dernière année du XIXe siècle, et les quatre premières années du XXe siècle, sur 4931 « causes de grèves », on en a compté *2764,* ou *56 o/o*, qui se rapportaient à la quotité des salaires. Le nombre correspondant des grévistes s'élève à *1.086.000*, représentant 54,9 o/o de l'effectif total (1).

Remarquons, d'ailleurs, que les autres « causes de grève » beaucoup plus variées, ne sont nullement négligeables tant au point de vue du nombre des coalitions qui s'y rapportent qu'au sujet de l'importance des masses ouvrières en mouvement.

Les questions de personne, notamment, c'est-à-dire les demandes de réintégrations d'ouvriers congédiés, et surtout les demandes de renvoi de « travailleurs » dissidents, de contre-maîtres ou de directeurs, sont fréquemment des « causes de grève ».

Il n'est donc pas vrai que la lutte pour la vie, et la « faim », soient uniquement les raisons déterminantes et impulsives des conflits ouvriers. Sans doute, comme nous le montrerons, les résultats de ces agitations sont fort souvent nuls ou mauvais. Les pertes infligées tant aux ouvriers qu'aux patrons sont irréparables (2) puisqu'il s'agit de jours chômés (3) et de capitaux rendus

1. Il est intéressant de comparer ce rapport à celui que l'on a constaté aux Etats-Unis de 1881 à 1900 et qui est 52,1 o/o.

(Voir l'Etude de M. Hanger. « Strikes and Lockouts in United States », dans le *Bulletin of the Bureau of labor*, septembre 1904.)

2. Il faut tenir compte, il est vrai, comme le fait remarquer M. Leroy-Beaulieu (*Traité d'Éc. Pol.*, t. II, p. 439) de l'excédent d'activité qui suit la reprise du travail.

3. Voir à ce sujet, et à propos des pertes subies, notre chapitre, L'action syndicale et ses résultats, page 242.

momentanément improductifs. Tout cela est vrai, mais la liberté comporte des inconvénients et des dangers surtout lorsque la classe ouvrière n'a pas encore appris à en user. La grève n'en est pas moins la conséquence nécessaire — jusqu'à nouvel ordre — des conflits qui résultent de la liberté du contrat de travail. La coalition est un droit, et la grève n'est que la forme spéciale qu'affectent les refus concertés de travail dont les coalitions ont prévu la nécessité ou l'éventualité. Ce que nous tenons à signaler, c'est la liberté incontestable dont jouit l'ouvrier à l'heure actuelle pour défendre ses intérêts.

L'usage fréquent, et trop souvent inconsidéré ou blâmable qu'il en fait ne nous semble nullement un argument contre le droit de coalition lui-même, car il n'est pas une liberté ou un droit dont l'exercice ne puisse être critiqué ; il suffit de songer à liberté de la parole et de la presse pour arriver à s'en convaincre.

Pour se rendre compte des conditions dans lesquelles les grèves se produisent, et des résultats
qu'elles entraînent, il est indispensable d'étudier
leur fréquence en notant les industries dont le
personnel emploie le plus souvent cette arme.

Les documents officiels auxquels nous avons
déjà eu recours, renferment de précieux détails à
cet égard. Le tableau suivant indique le nombre
des grèves et des grévistes par professions de
1890 à 1900 :

Ce tableau permet de montrer très clairement
que les grèves sont particulièrement nombreuses
dans certaines industries et que l'effectif des
grévistes varie, en outre, beaucoup avec les
professions.

L'industrie textile vient en première ligne au
point de vue du nombre des grèves et des grévistes ; puis, il faut ranger les mines et carrières, la
construction, les cuirs et peaux, les transports, etc., etc.

On remarquera que le nombre des grèves ne
nous donne par des indications suffisantes sur

Professions	Nombre de	
	grèves	grévistes
		mille
Agriculture, forêts, pêche.	96	46
Mines et carrières........	278	216
Produits alimentaires....	86	9
Industries chimiques.....	75	21
Industries polygraphiques	114	5
Cuirs et peaux...........	260	24
Industries textiles.......	1.368	255
Travail d'étoffes, nettoyage..................	105	10
Industrie du bois tabletterie...................	219	17
Industrie du bois de bâtiment	100	12
Usines métallurgiques....	59	34
Travail des métaux ordinaires	546	65
Travail des métaux fins..	14	1
Taille des pierres et céramique	195	34
Construction.............	496	120
Transport........... ...	179	46
Divers....................	3	4
	4 193	919

l'importance sociale et économique des conflits
entre employés et employeurs. Ainsi, les 1.368 grèves de l'industrie textile n'ont intéressé que
255.000 grévistes, tandis que les 278 grèves des

mines et carrières ont compté un personnel de
216.000 salariés. L'effectif des grévistes par
grève est donc extrêmement variable d'une industrie à l'autre et ce serait se tromper étrangement
que d'apprécier la gravité de ces mouvements
sociaux en relevant seulement le nombre des conflits. Les effectifs ouvriers engagés dans ces luttes si fréquentes, offrent un intérêt beaucoup plus
grand pour l'observateur.

Une autre observation s'impose aussi à notre
attention. Ni le nombre des grèves, ni celui des
grévistes ne suffisent à nous donner une idée
exacte de l'importance des luttes engagées dans
l'industrie. Il faut tenir compte des effectifs
ouvriers constituant la population salariée de
chacune des industries intéressées ou affectées par
les grèves. Le trouble apporté par ces luttes au
fonctionnement régulier du mécanisme de la production, les effets possibles à l'égard du taux de la
rémunération, et la répercussion des réussites,
échecs ou transactions, tous ces faits sont liés à
l'importance *relative* du nombre des grévistes par
rapport au chiffre global de la population ouvrière engagée dans la même profession.

Les statisticiens officiels de la direction du
travail au ministère, n'ont pas cru devoir
nous présenter les faits sous ce jour spécia
Nous croyons, cependant, qu'il est utile de faire
ce travail pour voir les choses telles qu'elles
sont.

Nous résumons nos calculs à l'aide du tableau
suivant qui a été dressé en puisant les chiffres de

la population ouvrière de chaque profession dans l'un des derniers volumes relatifs au dénombrement quinquennal :

Nombre des grévistes et des salariés
(1890-1899)

Professions	Moyenne annuelle des grévistes (1890-1899)	Nombre total des employés et ouvriers	Rapport du nombre des grévistes à celui des salariés
	mille	mille	p. 100
Industries textiles......	25.5	759	3.3
Mines et carrières......	21.6	215	10.0
Construction et bâtiment....	13.2	446	2.9
Travail des métaux ordinaires et fins.........	6.6	319	2.0
Transport...............	4.6	383	12.0
Agriculture, forêt, pêche.	4.6	3.065	0.15
Usines métallurgiques..	3.4	92	3.7
Taille pierre et céramique	3.4	110	3.0
Cuirs et peaux	2.4	131	1.8
Industries chimiques....	2.1	40	5.2
	87.4	5.560	

Les nombres de la deuxième colonne se rapportent aussi exactement que possible à chacune des industries énumérées dans le tableau des grèves. Nous croyons donc que ces indications sont suffisamment précises.

Quant à l'effectif des grévistes, il se rapporte à la moyenne *annuelle*, c'est-à-dire ici au dixième des nombres recueillis par l'Office du Travail et relevés pour la période décennale 1890-1899.

Il suffit de se reporter à la troisième colonne pour constater tout d'abord des différences extrêmes entre les divers rapports du nombre des grévistes à celui des salariés appartenant, en totalité, à la même catégorie professionnelle.

Presque insignifiant pour l'agriculture (1), les forêts et la pêche, le rapport s'élève à **12** o/o lorsqu'il s'agit des transports, à **10** o/o pour les industries extractives, à **3,3** o/o pour les industries textiles en général.

Ce que l'on pourrait appeler la puissance perturbatrice ou l'action efficace des grèves est donc très variable puisque le nombre des grévistes engagés dans les conflits par rapport à la population professionnelle correspondante, est lui-même différent.

Ce qui nous frappe surtout, c'est la proportion très faible des grévistes dans le total des forces ouvrières pour chaque catégorie professionnelle. Nous sommes, croyons-nous, tenté d'exagérer l'importance sociale des grèves et leurs répercussions économiques précisément parce que les

____

1. Les grèves agricoles ne datent que de 1904.

nombres absolus font impression sur nos esprits. Ainsi, les 132 grèves annuelles (en moyenne) de l'industrie textile et les 25.000 grévistes qui y ont pris part représentent des chiffres dont la grandeur excite la crainte ou commande, à tout le moins, l'attention.

En fait, les ouvriers touchés par les grèves ne représentent que **3,3** o/o de la population des manufactures. En admettant que les établissements soient successivement visés par les grévistes, il faudrait dix ans pour que le tiers de la population ouvrière fût entré en conflit et obtînt un résultat appréciable d'une série de grèves qui seraient toutes victorieuses par hypothèse ! L'influence perturbatrice et nuisible de la grève n'est, sans doute, pas moins exagérée que son action favorable au point de vue de la condition des ouvriers. Encore faut-il remarquer que nous avons fait figurer uniquement dans le tableau précédent les industries plus spécialement et plus fréquemment visées et affectées par les grèves.

Remarquons, aussi, que la durée des grèves est beaucoup plus courte qu'on ne serait tenté de le supposer. La grande majorité des grévistes durant la période décennale 1890-1899 a été engagée dans des grèves d'une semaine ou d'une quinzaine.

En outre, chose très importante, le nombre relatif des réussites ou des transactions est beaucoup plus grand lorsque précisément les grèves sont de courte durée. Le tableau suivant met clairement tous ces faits en évidence.

Résultats et durée des grèves
(1890-1899)

Durée des grèves	Nombre de			
	Total des grévistes	Réussite	Transaction	Echec
	mille	mille	mille	
Une semaine et moins..	347	113	121	112
8 à 15 jours.	218	23	112	80
16 à 30 jours	142	13	62	67
31 à 100 jours	197	14	97	85
Plus de 100 j.	16	1	5	8
	920	164	397	352
Une semaine et moins..	100	33	35	32
8 à 15 jours.	100	10	51	39
16 à 30 jours.	100	9	44	47
31 à 100 jours	100	7	49	44
Plus de 100 j.	100	6	31	63

En ramenant à 100 le nombre total des grévistes pour chaque catégorie de grèves on voit
clairement que le nombre des échecs augmente
à mesure que la durée des conflits est plus
grande.

C'est cependant une erreur de croire que le
défaut de ressources oblige les ouvriers à capitu-

ler. Les succès se produiront au bout d'un temps très court, avant que la puissance « patronale » ait réduit le salarié à la « famine ». C'est le patron qui capitule promptement — quand il peut céder — et cela démontre, au contraire, la puissance d'action de la coalition ouvrière au lieu d'en prouver la faiblesse ou l'impuissance. Comme on l'a dit, et répété avec raison, maintes fois, le patron est obligé de tenir compte des pertes que lui infligent la cessation de travail et l'improductivité des capitaux qu'il administre. Il cède pour limiter ces pertes ou prévenir des désastres.

Quels sont, maintenant, les résultats généraux des grèves considérées dans leur ensemble pendant une période assez longue, celle de 1890 à 1905 par exemple ?

Nous allons répondre à cette question.

IV

Le dernier volume publié par l'Office du Travail renferme des renseignements précis sur les résultats des grèves constatées depuis 1893. Voici le tableau qui les résume :

Résultats	Grèves		Grévistes	
	moyenne 1894-1903	1904	moyenne 1894-1903	1904
	p. 100	p. 100	p. 100	p. 100
Réussite......	22.4	28.9	13.4	19.7
Transaction ..	35.4	38.4	59.5	61.9
Echec........	42.1	32.6	26.9	18.2

Les transactions peuvent être considérées comme des succès partiels pour les ouvriers.

On voit donc que sous le régime de la liberté du contrat de travail, l'exercice du droit de grève permet aux salariés d'obtenir 57 fois sur 100

(1894-1903) une satisfaction complète ou partielle. C'est là le résultat relatif aux grèves considérées dans leur ensemble et abstraction faite de toute considération se rapportant aux effectifs ouvriers. Cette vue toute superficielle doit être corrigée par l'examen du nombre des grévistes. Chose fort remarquable, les contingents ouvriers engagés dans des grèves victorieuses sont relativement plus considérables que la proportion des grèves correspondantes ne le ferait prévoir.

Sur 100 grèves, on en compte 57,8 qui se sont terminées (1894-1903) par des réussites ou des transactions ; sur 100 grévistes, il s'en trouve 72,9 qui ont obtenu satisfaction totale ou partielle. En d'autres termes, les grèves victorieuses ont été — en moyenne — celles qui avaient groupé un plus grand nombre d'ouvriers.

Cette conclusion se trouve, d'ailleurs, confirmée par les faits car les statistiques officielles nous permettent de ranger les grèves en six catégories d'après le nombre des ouvriers qui y ont pris part et nous trouvons, en outre, des indications précises relatives aux résultats de ces grèves.

Voici le tableau que nous avons dressé pour la période décennale 1890-1899.

Résultats des grèves (1)
d'après le nombre des ouvriers
qui y ont pris part

Nombre des grévistes	Total des grèves	Réussite	Transaction	Échec
25 et au-dessous...	100	20,8	17,5	38,3
26 à 50.........	100	25,7	28,7	45,6
51 à 100.........	100	26,8	35,8	37,4
101 à 200.........	100	22,0	41,3	36,7
201 à 500.........	100	27,2	44,0	28,8
501 à 1.000.........	100	26,5	39,8	33,7
Au-dessus de 1.000.	100	27,6	43,8	28,6

Le nombre des réussites ne varie pas très sensiblement. En revanche, il est visible que le nombre des transactions augmente et que celui des échecs diminue à mesure que les effectifs engagés dans les grèves grossissent eux-mêmes. C'est du moins l'indication générale que fournit ce tableau.

Il est très intéressant de comparer les résultats des grèves à quelque vingt ans de distance.

M. de Foville a indiqué ceux que le Bureau de la

1. Voir le volume : *Statistique des grèves* pour 1899, p. 300. Les statisticiens officiels n'ont pas ramené à 100 le nombre total des grèves, et ils ont négligé de dégager la conclusion que nous signalons,

statistique générale avait emprunté aux rapports des préfets pour la période 1874-1885, c'est-à-dire, vingt ans avant la série d'années dont nous venons de parler plus haut. Voici les moyennes constatées ; il n'est question malheureusement que du nombre des grèves et nous ne possédons pas de renseignements sur les effectifs grévistes correspondants :

Période 1874-1885

Réussite............	27	o/o
Transaction........	16	»
Echec.............	57	»

Il faut noter avec soin les différences qui s'observent entre ces proportions de réussites ou d'échecs et les proportions calculées plus haut pour la période 1894-1903. Nous mettons ces contrastes en évidence dans le tableau suivant :

	1874-1885	1894-1903
	p. 100	p. 100
Réussites	27	22
Transactions ...	26	35
Echecs..........	57	42

Les victoires complètes sont relativement moins nombreuses mais, en revanche, les transactions —

victoires partielles — sont bien plus fréquentes, de telle sorte que la proportion des échecs est devenue beaucoup plus faible puisqu'elle s'abaisse de 57 à 42 o/o. Il y a là un fait intéressant à noter.

Sous le régime de la liberté du contrat de travail, l'ouvrier armé depuis 1884 du droit d'association, voit ses revendications plus fréquemment imposées aux patrons.

On pourrait, il est vrai, nous faire observer que la fréquence des transactions est due aux applications de plus en plus nombreuses de la loi du 27 décembre 1892 sur l'arbitrage et la conciliation. Nous profitons de cette occasion pour parler précisément de cette législation et en apprécier les résultats.

V

On sait que la loi de 1892 a pour objet de faciliter l'entente entre employeurs et employés lorsque les conflits se produisent soit avant, soit après la déclaration de la grève.

Lorsque la conciliation n'est pas repoussée par l'une ou l'autre partie, soit même par les deux parties, il est constitué un comité de conciliation ou de discussion qui examine les cas soumis à son appréciation. A défaut d'entente entre les représentants des parties en cause, un arbitrage peut avoir lieu, mais il est certain que la décision de cet arbitre ou de ce comité d'arbitrage est dépourvue de sanction. Quel que soit le jugement que l'on porte sur cette loi, il est essentiel d'en étudier les résultats. Ceux-ci ne sont pas négligeables, mais il n'en faut pas non plus exagérer l'importance.

De 1893 à 1904, sur *6893* grèves constatées on n'a, tout d'abord, compté que *1652 recours* à la conciliation ou à l'arbitrage par l'intermédiaire des juges de paix. La proportion est de 24 o/o environ. Ces recours n'ont pas tous abouti à la formation d'un premier comité de conciliation. La proportion varie de 55 o/o à 65 o/o. Enfin, les comités de conciliation ou d'arbitrage n'ont eux-mêmes terminé que la moitié, environ, des différends qui leur ont été soumis.

Pour préciser nous indiquons ci-dessous les résultats numériques des applications de la loi de 1892 pendant douze ans (1893-1904).

Nombre total des grèves............ 6893
Nombre des recours à la conciliation et à l'arbitrage..................... 1652
Nombre des comités de conciliation constitués........................ 947
Nombre des comités ayant terminé les différends à eux soumis......... 408

Les résultats réels des conciliations tentées restent donc très médiocres sans être, nous le répétons, tout à fait négligeables (1). Il semble, d'ail-

1. C'est ce que disait avec plus de netteté et encore moins d'optimisme, M. Millerand, *ministre du Commerce*, au mois de janvier 1905, en s'adressant à la Chambre de commerce de Paris.

« Le Gouvernement et le Parlement de la République ont déjà, le 27 décembre 1892, par une loi sur l'arbitrage facultatif, donné tous les moyens d'apaiser les conflits qui peuvent surgir et, nous dit-on, c'est légiférer inutilement que de faire un projet nouveau pour chercher les moyens d'apaiser les conflits du travail.

« Messieurs à cette première objection, je vous demande la permission de répondre par trois chiffres fournis par l'Office du travail et qui vont vous dire ce que peut être, et ce qu'est en réalité l'efficacité de la loi du 27 décembre 1892, dont, d'ailleurs, je ne discute ou ne nie en aucune façon les intentions excellentes et — je dis mieux — les résultats incontestables ; car si, comme hélas ! je le crois, et comme vous l'allez voir, elle n'a pas fourni, au point de vue pratique, les ré-

leurs, que la conciliation ou l'arbitrage, ait pour conséquence de donner souvent gain de cause aux ouvriers.

C'est ce que prouve le tableau suivant qui se rapporte aux résultats des applications de la loi quand les comités ont fonctionné.

sultats qui puissent la faire considérer comme suffisante, elle a cependant un mérite qu'il est impossible de lui dénier : En inscrivant dans la législation les mots « arbitrage facultatif », en appelant les magistrats juges de paix à parler d'arbitrage dans les luttes du travail aux parties en conflit, elle a, par cela même, habitué l'opinion publique à cette idée d'arbitrage dans les luttes du travail.

« Ce que je me permets de discuter en trois mots, c'est son efficacité réelle. Quelle a-t-elle été ?

« En sept ans, de 1893 à 1899, les juges de paix sont intervenus dans 778 grèves sur 3370, soit dans un quart (exactement 23 o/o). On peut dire que ce chiffre, pour médiocre qu'il soit, est déjà assez respectable.

On peut d'ailleurs faire remarquer que, dans les grèves qui ont été relevées, il en est de très peu importantes, et que, par conséquent 23 o/o constitue un chiffre appréciable. Mais ce qui est intéressant, c'est moins encore de savoir quand et combien de fois le juge de paix a essayé de remplir sa mission que de savoir si, en réalité, il a pu la remplir et à quels résultats il est arrivé. Or, en ces sept ans, sur 3370 grèves, savez-vous, messieurs, combien il y a eu d'arbitrages ? Il y a eu 24 arbitrages. Et, en ces sept ans, il n'y a eu de tentatives de conciliation avant la grève, avant que le conflit n'éclatât, que dans 33 cas.

« Notez que s'il n'y a pas eu de tentatives de conciliation avant que la grève n'eût éclaté, il ne faut pas en vouloir aux juges de paix. La loi ne leur donne pas le droit de cette tentative. La loi de 1892 s'est bien préoccupée d'apaiser le conflit ; elle ne s'est pas souciée de le prévenir, et le juge de paix ne peut intervenir que lorsque la grève a éclaté. S'il intervient auparavant, c'est que les parties spontanément — ce

*Application de la loi de 1892 sur la concilia-
tion et l'arbitrage*

Période 1893-1904

Chiffres relatifs

1° Différends terminés par
   application de la loi..   100

Résultats obtenus ⎱ réussite
par les Comités. ⎰ (des ouvriers)   19
                    transactions   63
                    échec   18

2° Différends dans lesquels
   l'application de la loi
   a échoué..........   100

Résultats ⎱ réussite   12
          ⎰ transactions   45
            échec   43

qui est, vous venez de le voir, extrêmement rare — ont fait
appel à lui avant même que la grève ne fût déclarée ; mais la
loi ne prévoit pas ce cas ; elle n'invite pas le juge de paix à intervenir en pareille circonstance.

« Aussi, je puis dire avec des chiffres, avec des faits, que la
loi de 1892 qui ne se préoccupe que d'apaiser le conflit
quand il a éclaté n'a point du tout — on peut bien dire « du
tout » — réussi à atteindre le but qu'elle avait visé... »

Dans notre texte nous ne visons pas seulement l'arbitrage
et nous étudions une période plus longue.

Les réussites et les transactions, c'est-à-dire, les victoires totales ou partielles des ouvriers ont été évidemment plus fréquentes lorsque les comités ont réussi à provoquer des ententes au moins provisoires.

Conclusions

Quelques conclusions peuvent être dégagées de tous les faits que nous avons exposés et commentés à propos des grèves sous le régime de la liberté du contrat de travail.

Depuis 1864 jusqu'à nos jours, le nombre des grèves a rapidement augmenté ; cette augmentation est surtout marquée à partir de 1890. Le nombre des grévistes engagés dans des conflits est devenu très considérable d'une façon absolue.

Il y a lieu, toutefois, de bien noter que le nombre des grévistes reste faible par rapport à la population ouvrière constituant la catégorie professionnelle à laquelle les grévistes sont rattachés. Cette proportion est d'ailleurs très variable selon les industries.

Les causes qui provoquent les coalitions et les grèves sont nombreuses, mais il faut surtout citer les demandes d'augmentation de salaires ou les résistances à des réductions imposées par les patrons.

Les résultats des grèves se traduisent en majorité par le succès total ou partiel des ouvriers. Les grèves réussissent plus souvent lorsqu'elles sont de courte durée — ce qui est la règle très générale — et lorsque le nombre des ouvriers engagés dans les conflits est plus grand.

Dans ces deux cas, on voit que les patrons cèdent parce qu'ils redoutent les effets d'une cessation de travail prolongée, ou lorsque l'importance des capitaux engagés leur impose des pertes supérieures aux sacrifices résultant du succès des revendications ouvrières.

La faible durée des grèves, le plus souvent victorieuses, démontre l'impossibilité d'acculer les ouvriers à la capitulation par une longue attente. L'expérience faite depuis quatorze ans, paraît prouver que l'employeur n'a qu'exceptionnellement recours à une résistance prolongée.

Ajoutons que si l'on relève, depuis trente ans les proportions relatives des réussites, des transactions ou des échecs, il paraît établi que le succès des revendications ouvrières est de plus en plus fréquent.

La loi de 1892, sur la conciliation et l'arbitrage a pu contribuer dans une certaine mesure à ce résultat en augmentant quelque peu le nombre des transactions c'est-à-dire les succès partiels des ouvriers.

De tous ces faits il ressort que la classe ouvrière exerce fréquemment et avec un succès croissant le droit de coalition et de grève sous le régime de la liberté du contrat de louage d'ouvrage. Les refus concertés de travail ne sont nullement rendus inutiles par la résistance des patrons et par la puissance que confère à ces derniers la

possession des capitaux. Les pertes infligées aux
entrepreneurs par les cessations de travail croissent en proportion de l'importance de l'outillage
ou des approvisionnements et cette circonstance
inséparable du machinisme et de la concentration
industrielle paraît assurer aux ouvriers une égalité de puissance économique au lieu de les affaiblir au cours des conflits qu'ils ont le plus souvent
provoqués (1).

LES GRÈVES ET LA HAUSSE
DES SALAIRES

Pour beaucoup de personnes ce problème est résolu. La grève a pour objet et pour résultat d'améliorer les conditions générales du contrat de travail et surtout de provoquer une hausse des salaires que l'ouvrier n'aurait pas pu obtenir sans user de violence légale, sans refuser de travailler. Telle est l'affirmation.

On ne peut pas nier, dit M. Gide (2), que ce moyen violent n'ait contribué à relever le taux des salaires... Il ne faut pas juger de l'efficacité des grèves seulement par la proportion des grèves ayant réussi ou échoué, que donnent les statistiques.

Une seule grève qui réussit peut faire augmenter les salaires dans une foule d'industrie. Et, d'ailleurs, c'est moins la grève elle même qui agit pour relever le taux des salaires que la crainte toujours imminente de la grève. »

Lire à cet égard la monographie que M. de Seilhac, ₃ué du Musée social, consacre aux grèves récentes dites de Longwy. (*Revue politique et parlementaire*, numéro de novembre 1905).

2. *Principes d'économie politique*, 8ᵉ éd. 1903, p. 468.

M. Gide prévoit, d'ailleurs, une objection souvent opposée aux partisans de la grève : et il ajoute :

« Ceux qui nient l'efficacité des grèves pour accroître le salaire font remarquer que la hausse des salaires a été au moins égale ou supérieure dans les industries où il n'y a jamais de grève : par exemple les ouvriers agricoles (1) et les domestiques. — Mais pourquoi ? Parce que ceux-ci ont bénéficié indirectement de la hausse des salaires dans les industries où les ouvriers sont organisés. Si les salaires ont monté à la campagne, c'est parce que les ouvriers des campagnes les ont quittées pour aller chercher à la ville de plus hauts salaires. Et de même les gages des domestiques suivent le taux des salaires industriels. En sorte que ce sont, en définitive, les métiers organisés qui deviennent les régulateurs du marché du travail, tandis que jusqu'à présent c'était au contraire la foule des misérables qui pesait sur le marché. — Et c'est là un immense progrès économique et moral. »

Nous ne saurions partager, sur ces divers points, les opinions de M. Gide. Assurément, comme il le dit, avec raison, la grève a *contribué* au relèvement des salaires. Ce n'est pas là seulement une hypothèse. Les faits sont vérifiables et ont été vérifiés. La hausse des salaires est, très souvent, le résultat immédiat et dûment

---

1. Cependant on vient de constater des grèves agricoles dans le Midi depuis quatre ans.

constaté d'une grève dans une industrie. La même conséquence a été observée maintes fois.

Nous avons même insisté, dans le chapitre précédent, sur la fréquence des grèves se terminant par la victoire totale ou partielle des ouvriers, et nous savons, d'autre part, que la hausse des salaires est surtout l'objet de leurs revendications.

Il faut donc convenir que la grève agit dans le sens du relèvement du taux de la rémunération ; le fait est exact et la conséquence de l'exercice du droit de grève nous paraît aussi légitime que le droit de coalition lui-même.

Est-il vrai que la grève agisse sur les salaires d'une façon tout indirecte, par la crainte inspirée aux employeurs alors même que leurs établissements ne sont pas visés par les coalitions de leur personnel ouvrier ? Est-il permis de soutenir que les grèves industrielles relativement rares, très localisées et spécialisées exercent une influence décisive sur la marche des salaires agricoles, des gages de ceux que l'on nomme « les gens de maison », etc., etc... Il nous semble que le doute s'impose. Nous sommes en présence d'hypothèses, de vraisemblances, de conclusions théoriques et logiques ; mais c'est tout. Les variations des salaires dans le temps ou dans l'espace sont liées à une foule de faits économiques dont nous constatons seulement la résultante.

Les salaires industriels, « ces *régulateurs* du marché du travail » ont augmenté à une époque où les grèves étaient très rares. Voici, par exemple, le tableau des variations constatées par l'Office du travail de 1840-1845 à 1861-1865 ;

TABLEAU I

Variations des salaires suivant le groupe d'industries dans l'ensemble des départements (Paris excepté)

Industries	1840-1845		1861-1865	
Extractives	1,95	100	2,30	117
Textiles..........	1,90	100	2,05	107
Travail des métaux.	2,40	100	2,75	114
Construction en pierre.........	2,00	100	2,05	102
Alimentation....	1,90	100	2,10	110
Chimiques	2,15	100	2,20	102
Cuirs et peaux...	2,00	100	2,20	110
Habillement, toilette	»	100		100
Gros ouvrages en bois	1,85	100	2,40	129
Travail des pierres au feu (céramique, verrerie)	1,90	100	2,15	111
Papier et livre...	2,05	100	2,50	121
Ensemble des industries atteintes par les enquêtes (sauf transports)....	2,07		2,76	133

Pour l'ensemble des industries visées par les enquêtes, l'augmentation du salaire nominal s'élève à 33 o/o en vingt ans. Or, durant cette période, le droit de coalition n'était même pas reconnu et la grève constituait un délit. Il est donc bien certain que d'autres causes ont agi et ont déterminé l'élévation du salaire. Ces causes agissent encore, elles ont agi depuis 1865, et nous ignorons totalement dans quelle mesure leur influence a été renforcée par celle des grève afférentes à quelques industries spéciales, *ou plus exactement, à quelques établissements dans chacune de ces industries.*

De 1845 à 1865 les salaires ont augmenté de 17 o/o dans les mines et carrières où les conflits étaient fréquents même avant l'application de la loi de 1864, mais la hausse est de 10 o/o dans l'alimentation où les grèves sont très rares. On s'explique mal les différences observées dans la marche des salaires lorsqu'il s'agit du « Travail des métaux » et « des constructions en pierre », deux industries qui ont souvent été visées par des coalitions à l'époque même où celles-ci étaient interdites.

Après 1864, il est vrai que le nombre des grèves augmente. Nous l'avons vu ; on a compté 196 grèves de 1865 à 1875, et 675 de 1875 à 1885. Les salaires augmentent au même moment ; et les deux faits sont simultanés. L'élévation des salaires est même très rapide et très considérable, comme le prouve le tableau suivant (1).

1. *Salaires et durée du travail dans l'Industrie.* Office du travail, t. IV, 1897.

TABLEAU II

Variations des salaires suivant le groupe d'industries dans l'ensemble des départements (Paris excepté)

Industries	Salaires des ouvriers (à l'exclusion des ouvrières)			
	1861-65		1891-93	
Extractives, mines, carrières...	2.30	100	4.10	178
Textiles..........	2.05	100	3.45	168
Travail des métaux	2.75	100	4.20	152
Construction en pierre..........	2.05	100	3.60	175
Alimentation.....	2.10	100	3.65	173
Chimiques.......	2.20	100	3.70	168
Cuirs et peaux.....	2.20	100	3.70	168
Habillement, toilette..........	2.25	100	3.60	160
Gros ouvrages en bois...........	2.40	100	3.75	156
Travail des pierres au feu (céramique, verrerie)...	2.15	100	4.0	186
Papier et livre....	2.50	100	4.0	160
Ensemble des industries atteintes par les enquêtes (non compris les transports)..........	2.76	100	4.00	144

Nous ne comprenons pas comment 60 ou 70 grèves par an constatées dans la France entière suffiraient à expliquer une hausse générale et moyenne de 44 o/o pour les salaires industriels ! L'effet est sans proportion avec la cause, d'autant plus que toutes les grèves ne sont pas favorables aux ouvriers. M. Gide nous dit, il est vrai, qu'une *seule grève qui réussit peut faire augmenter les salaires dans une foule d'industries.* C'est là une simple affirmation et une pure hypothèse.

On ne voit pas comment une grève dans les usines métallurgiques pourrait avoir une répercussion sur les salaires de l'industrie textile, des mines, ou de l'agriculture. Cette conséquence ou plutôt cette série de conséquences supposerait la naissance de nombreux conflits tous terminés par la victoire des grévistes. Il faut remarquer que les conflits industriels sont localisés et que leur action ne n'exerce pas aisément en dehors de la circonscription et *a fortiori*, du département où ils se sont produits.

Ainsi, de 1890 à 1899, on compte dans 87 départements, 4.217 grèves et 922.000 grévistes, mais on relève les chiffres suivants pour 6 départements :

Dans 6 départements seulement on a donc constaté 1966 grèves avec 408.000 grévistes c'est-à-dire 46 o/o des grèves et 44 o/o des grévistes indiqués par l'Office du Travail pour la France entière. Dans les 81 autres départements français on a par conséquent compté très peu de grèves et de grévistes, et, il est raisonnable de penser que

	grèves	grévistes
Bouches-du-Rhône ...	114	24.000
Loire	148	71,000
Loire-Inférieure	126	25.000
Nord................	909	151.000
Rhône	212	34.000
Seine	457	103.000
	1.966	408.000

l'influence exercée par ces rares conflits sur la
marche des salaires a été fort peu décisive. A
plus forte raison en a-t-il été de même entre 1865
et 1890, puisque les grèves ont été moins fréquentes encore durant cette période.

M. Gide parle également de l'émigration des
campagnards vers les villes où ils seraient attirés
par de plus hauts salaires, de telle sorte que cette
émigration serait la *cause* de l'augmentation des
salaires ruraux. Ainsi, la grève industrielle provoquerait l'élévation des salaires de l'industrie,
et à son tour l'augmentation du prix de la journée
de travail dans les ateliers provoquerait, et la
désertion des campagnes et la hausse des salaires
agricoles.

Il y a là une véritable pétition de principes
puisque l'influence de la grève sur la marche des
salaires industriels est une simple hypothèse.

On peut soutenir que la mineure est contestable et la conclusion « impertinente » (1). L'exode des campagnes vers les villes et les ateliers devrait avoir eu depuis longtemps pour effet de paralyser l'action des grèves et de provoquer la baisse du prix des journées ouvrières. Cette émigration a donc été lente et très mesurée puisqu'elle n'a pas arrêté la marche ascensionnelle des salaires urbains. La lenteur de cette émigration n'explique nullement la rapidité et l'ampleur du mouvement ascendant des gages agricoles entre 1850 et 1880.

Si, d'ailleurs, les déplacements de la population sont faciles, pourquoi ne voit-on pas se produire une émigration bien plus logique et aisée, en apparence du moins, des campagnes vers les campagnes ; pourquoi les ouvriers agricoles dont les salaires sont restés bas (Bretons, Limousins, etc.) ne viennent-ils par s'*établir* dans les régions où les salaires ruraux sont beaucoup plus élevés (Ile-de-France, Picardie) ?

Cette invasion, nous le savons, se produit sous forme d'émigration temporaire de travailleurs nomades ; mais ces salariés ne s'établissent pas dans la région où ils viennent travailler. Il est donc démontré qu'on n'a pas besoin longtemps de leurs services.

Nous nous permettons de hasarder à notre tour une hypothèse qui nous paraît plus satisfaisante. La hausse des salaires a résulté partout, dans les campagnes comme dans les villes, de l'accroisse-

1. C'est-à-dire non pertinente,

ment général de la richesse publique. Il a subsisté des différences entre les salaires de quelques industries, de certains commerces, etc., etc., et les salaires ruraux. Ces différences résultent souvent de la difficulté des tâches, des conditions pénibles ou dangereuses dans lesquelles le travail est accompli (forges, mines, céramique, verrerie), de la capacité technique que requiert la profession (ouvriers du bois, du bâtiment, etc., etc.). Dans une mesure quelconque, l'organisation des forces ouvrières et les grèves ont pu contribuer à maintenir ces différences et à les accentuer. Le campagnard a donc été attiré vers les métiers urbains.

Mais surtout la hausse des salaires ruraux a déterminé une modification des procédés culturaux. Cela est incontestable puisque le sol de France est cultivé aujourd'hui par une population de travailleurs agricoles qui a été réduite(1).

Ce serait — suivant notre hypothèse — la hausse spontanée des salaires ruraux qui aurait refoulé un certain nombre d'ouvriers agricoles dont le travail était devenu très onéreux, et cette évolution agricole aurait été assez lente pour que les autres branches du travail national (industrie, commerce, transports) aient pu faire place aux travailleurs ainsi contraints d'émigrer. Tous les renseignements pris par nous confirment cette hypothèse. Les praticiens que nous avons interrogés aussi bien que les agronomes nous ont répété

1, De 1882 à 1892, elle a diminué de 250.000 unités. (Voir l'enquête de 1892.)

qu'il était devenu nécessaire de réduire les frais de main-d'œuvre à cause de l'élévation de son prix plus encore qu'à cause de sa rareté. On a observé cette hausse des salaires ruraux dans les campagnes les plus reculées, loin des centres où la grève aurait pu faire sentir son influence.

Dans l'introduction de l'enquête de 1882, M. Tisserand (1) a relevé les augmentations du salaire d'hiver de l'ouvrier non nourri (homme) entre 1862 et 1887, à une époque où les grèves industrielles étaient encore rares bien qu'elles fussent légales.

Nous trouvons que les rehaussements les plus considérables ont eu lieu dans des départements où l'industrie n'a nullement une importance prépondérante et où par conséquent, le prix de la journée de l'ouvrier d'atelier ne peut guère servir de « régulateur » suivant l'expression de M. Gide. Voici quelques chiffres typiques :

Augmentation du salaire d'hiver pour l'ouvrier agricole non nourri (1862-1887)

	Francs	Pour 100 de population agricole.
Aveyron,............	0,86	68
Vienne.............	0,65	59
Lot................	0,55	77

1. Introduction, p. 396.

Haute-Vienne......	o,54	55
Yonne.............	o,54	57
Gers..............	o,52	71
Basses-Pyrénées...	o,51	56
Lozère	o,50	72
Hautes-Pyrénées...	o,46	65
Deux-Sèvres.......	o,46	63
Allier............	o,45	54
Sarthe............	o,45	55
Tarn..............	o,43	54
Mayenne..........	o,40	57
Cantal.	o,35	74
Puy-de-Dôme......	o,35	68
Moyenne pour la France..	o,37	46

La hausse des salaires *d'hiver*, des salaires les
moins élevés par conséquent, a donc été observée
dans les régions qui sont presque exclusivement
agricoles, où la population industrielle et commerciale est relativement peu importante. Cela
est si vrai que dans la seconde colonne de notre
tableau on trouve des chiffres relatifs à la proportion p. o/o de la population agricole, chiffres *toujours supérieurs à la moyenne générale*. L'augmentation du prix de la journée de
travail dans les campagnes s'est ainsi produite là
où logiquement l'influence des grèves est plus
difficilement concevable.

Après avoir constaté ces faits, M. Tisserand
ajoute (1).

1. Ceci est écrit en *1886*.

« La diminution de la population de la campagne, toute grave qu'elle soit, n'est cependant pas arrivée à un point tel qu'elle puisse être envisagée comme un péril. La main-d'œuvre, *quoi qu'on prétende*, est encore relativement et largement suffisante dans les fermes, surtout depuis le développement de l'outillage agricole. La diminution actuelle n'est donc point encore un mal ; elle oblige l'agriculteur à mieux utiliser ces bras, à diminuer les frais de main-d'œuvre ; elle conduit à l'emploi de l'outillage perfectionné *tout en permettant de donner de meilleurs salaires ;* en un mot, elle force à mieux cultiver. L'ouvrier rural voit ainsi sa condition s'élever au point de vue matériel, et c'est là un résultat auquel on ne peut qu'applaudir.

Quant au chef d'exploitation, si faute de surabondance de travailleurs il est forcé de déployer plus d'activité, d'organiser son travail avec plus d'intelligence de façon à suffire à tous les besoins, *en développant par suite la puissance productive de l'ouvrier*, il y trouve également son compte. » (1).

Ces derniers mots doivent être retenus parce qu'ils permettent d'expliquer la hausse des salaires ruraux sans qu'il soit nécessaire de faire intervenir des considérations relatives à l'influence indirecte et hypothétique des grèves industrielles. Le travail de l'ouvrier agricole *est devenu*

1. Introduction à l'enquête agricole décennale de 1882, p. 374.

plus productif, et d'autre part, nous avons prouvé qu'en effet la masse des valeurs créées par l'agriculture s'était considérablement accrue durant la même période (1).

Depuis vingt ans, les mêmes causes expliquent la marche ascensionnelle des salaires ruraux, malgré la réduction des fermages et des profits culturaux.

Si la valeur en francs de la production brute de l'agriculture a fort peu augmenté, il est certain, en revanche, que les quantités récoltées et vendues se sont accrues, et, d'autre part, la population des travailleurs agricole a diminué.

Cette hausse récente des salaires est beaucoup plus lente, beaucoup moins marquée, que celle dont on peut noter la marche de 1860 à 1882. *Pourtant, c'est depuis vingt ans que les grèves industrielles se sont multipliées avec une extraordinaire rapidité.* Mais, il est fort probable que la réduction des profits culturaux a rendu beaucoup plus difficile l'élévation des salaires, en même temps, des malaises industriels, des dépenses publiques énormes — peut-être même excessives, ont ralenti le développement de la richesse publique que l'incroyable accroissement de la puissance productive de l'industrie et même de l'agriculture avait si rapidement augmenté de 1850 à 1880.

Il nous paraît résulter de tous ces faits qu'il

1. Voir notre chapitre, intitulé : « La hausse des salaires et le développement de la richesse. »

est fort téméraire d'attribuer principalement à des conflits localisés *et en somme peu nombreux par rapport à la population ouvrière* (1), la hausse des salaires ruraux ou même la progression générale des salaires industriels.

Nous persistons à penser que d'autres causes et notamment l'augmentation des richesses partageables rendent bien mieux compte du mouvement ascensionnel des salaires. La grève n'agit que d'une façon intermittente, locale, *passagère* souvent, *car nous ignorons les fluctuations des prix de journée quelques mois ou quelques années après les grèves.* Sans nier et sans condamner l'action des coalitions, il nous paraît dangereux d'en exagérer les mérites et la portée.

1. M. Levasseur exprime la même idée dans *L'Ouvrier américain*, t, II, p. 43.

L'ORGANISATION OUVRIÈRE
LES SYNDICATS ET LEUR ŒUVRE
SOUS LE RÉGIME DE LA LIBERTÉ
DU CONTRAT DE TRAVAIL

La loi du 21 mars 1884 a rendu licites les associations professionnelles. Les facilités données aux fondateurs pour constituer les syndicats permettent de les multiplier rapidement sans aucune dépense. Il suffit de déposer les statuts de l'association à la mairie de la commune où elle est fondée, en indiquant les administrateurs et directeurs qui doivent être français et jouir de leurs droits civils. — Les syndicats peuvent se grouper et former des Unions à la seule condition de déclarer les noms des syndicats qui composent chacune d'elles. Leur champ d'action est très vaste. La loi de 1884 les autorise, en effet, à organiser des sociétés coopératives de production et de consommation, des sociétés d'assurances mutuelles, de crédit mutuel, des bureaux de renseignements pour les offres et demandes de travail, des cours d'instruction professionnelle, à fonder des

caisses de secours mutuels, de retraites, de chômage et de prévoyance.

Les ouvriers — comme les patrons — peuvent
utiliser cet organe du syndicat et le faire servir
à l'étude ou à la défense de leurs intérêts, mot
vague ou du moins très compréhensif qui permet,
en fait, à la classe ouvrière, d'utiliser le syndicat
comme un instrument de lutte, de résistance ou
d'attaque.

L'association professionnelle donne à l'ouvrier
toutes les libertés dont l'individualisme théori-
que et, croyons-nous, excessif des hommes de la
Révolution l'avait privé. Le salarié possède désormais la seule arme dont l'usage lui restât interdit
légalement : le droit de se réunir et de s'associer
librement.

I

Vingt ans après la mise en vigueur de la loi sur
les syndicats professionnels, voici le développement qu'a pris le mouvement de groupement et
de cohésion des forces en jeu et des intérêts à
défendre.

Situation des Syndicats (1)
au 1ᵉʳ janvier 1905

	Nombre des	
	syndicats	membres
Syndicats patronaux	3.102	250.000
— ouvriers	4.625	781.000
— mixtes	144	25.000
— agricoles	3.116	659.000
	10 987	1.717.000

On compte donc, en France, 10.987 syndicats
groupant 1.717.000 membres.

1. *Annuaire des Syndicats professionnels*, 1904-1905.

Voici, en outre, quelle a été, depuis 1890, la progression du nombre des syndicats ouvriers, patronaux, ou agricoles, et de leurs adhérents :

Nombre des Syndicats et adhérents

Années	Patronaux		Ouvriers		Agricoles	
	Syndicats	Adhérents	Syndicats	Adhérents	Syndicats	Adhérents
		mille		mille		mille
1890	1.004	93	1.006	139	648	234
1891	1.127	106	1.250	205	750	269
1892	1.212	102	1.589	288	863	313
1893	1.397	114	1.926	402	952	353
1894	1.518	121	2.178	403	1.092	378
1895	1.622	131	2.163	409	1.188	403
1896	1.731	141	2.243	422	1.275	423
1897						
1898	1.894	189	2.324	437	1.499	448
1899	1.965	151	2.361	419	1.824	481
1900	2.157	158	2.685	491	2.069	512
1901	2.382	170	3.287	588	2.204	533
1902	2.609	185	3.679	614	2.3.5	592
1903	2.757	205	3.934	643	2.434	598
1904	2.947	236	4.227	715	2.592	620
1905	3.102	252	4.625	781	3.116	659

Les syndicats agricoles sont restés en dehors des partis, des agitations et des conflits, au moins jusqu'à ces dernières années. Les grèves rurales ont été préparées par des syndicats ouvriers urbains, et les associations professionnelles d'ouvriers ruraux sont encore très rares. Elles ont été constituées à l'occasion des luttes récentes dont nous parlerons bientôt en étudiant l'action des syndicats sur les conflits « du travail et du capital ». Quelques syndicats de bûcherons et d'ouvriers maraîchers ont cependant été constitués depuis quelque temps et ont visiblement pour objet de modifier le contrat de travail en recourant au besoin à la grève. Le syndicat des bûcherons du Cher est même devenu célèbre par ses luttes et ses succès. Néanmoins, il est bien établi que le syndicat agricole a surtout un but et une puissance d'action économiques. Il groupe presque exclusivement des chefs d'exploitations rurales ou des propriétaires qui se proposent de faire en commun soit des achats d'engrais, de semences, d'outils ou d'instruments, soit des ventes. Jusqu'ici, nous le répétons, le syndicat agricole n'est pas un instrument de lutte sociale ; il n'a presque jamais été constitué dans le but d'exercer une influence immédiate sur le taux des salaires ou sur les conditions du travail salarié. Cette action est tout indirecte, sans toutefois être moins efficace au point de vue du relèvement des salaires, car le syndicat agricole contribue sérieusement à la réduction des dépenses aussi bien qu'à l'élévation de la production et des profits culturaux. C'est là, en fait, une politique des salaires, la meilleure, celle qui rattache l'aug-

mentation du prix du travail manuel à l'accroissement de la richesse, celle qui enrichit tout le
monde sans appauvrir personne.

*
* *

Parmi les syndicats industriels on peut distinguer un certain nombre d'associations mixtes,
c'est-à-dire comprenant à la fois des patrons et
des ouvriers. Il serait infiniment désirable que
leur influence s'exerçât, sérieuse, apaisante et
efficace. Rapprocher les deux groupes de contractants, les employeurs et les employés, c'est les
amener à se connaître, à discuter, à s'éclairer
réciproquement sur la situation d'une industrie,
sur ses besoins, sur l'utilité d'une entente et la sté-
rilité ou les conséquences néfastes d'une lutte sans
merci. Tôt ou tard, ces accords précédés d'une
discussion deviendront la règle générale au lieu
d'être l'exception durant la période chaotique et
révolutionnaire que nous traversons. Nous l'a-
vons, cependant, montré, les syndicats mixtes
sont très peu nombreux et groupent de rares
adhérents. On en compte aujourd'hui 144 avec
25.000 syndiqués. La lutte économique et sociale
qui est engagée ne comporte pas des solutions
moyennes et des fusions que les plus violents
redoutent comme des obstacles au succès rapide de leurs revendications. Il existe deux
camps : Celui des patrons et celui des salariés ;
le syndicat des employeurs et celui des ouvriers.
C'est la division qui correspond au caractère de

la bataille livrée, de la lutte de « classe ». Les armées sont en présence avec leurs cadres formés. En ce moment, l'ouvrier regarde le patron comme un adversaire, voire même comme un ennemi.

Entre ces deux combattants, il n'existe pas de traités définitifs et respectés comportant des discussions prolongées et des études réfléchies. L'ouvrier tente de conquérir ou d'arracher tout ce qu'il n'a pu réussir encore à obtenir ; pour lui, il n'existe pas de paix durable. Le salarié ne se résout à accepter que des trêves pendant lesquelles il rédige un nouveau cahier de revendications et prépare ses armes.

Le patron agit de la même façon parce qu'il a conscience de la gravité de cette lutte, des dangers qu'elle lui fait courir, du caractère implacable des adversaires qui se groupent devant lui et contre lui.

Nous n'exagérons rien. Il suffit d'ouvrir les yeux, d'écouter et de s'informer pour constater cet état d'esprit et s'assurer que les illusions sont vaines. Il serait impardonnable de ne pas déplorer cette situation ; il serait naïf et dangereux de ne pas la voir telle qu'elle est.

Tout ce que nous disons des syndicats reste vrai pour les groupes de syndicats que la loi de 1884 désigne sous le nom d'Unions.

Le nombre de ces Unions ou Fédérations s'est accru rapidement depuis vingt ans ; en voici la preuve :

Unions des Syndicats industriels (1)

	Patronaux	Ouvriers
1884	10	10
1890	22	24
1895	38	79
1900	54	73
1905	97	158

Aujourd'hui, les 97 unions patronales groupent 1902 syndicats, avec 186.000 adhérents, et les 158 fédérations ouvrières représentent 3176 syndicats de salariés avec 681.000 membres.

Il existe, enfin, dans notre pays une institution originale dont le fonctionnement est utile et pourrait l'être bien davantage encore si la pensée directrice n'était pas trop souvent politique, nous voulons parler des *Bourses de travail*. M. de Molinari a eu le mérite d'en concevoir le rôle, il y a soixante ans, et la satisfaction de leur voir prendre le nom même qu'il leur avait donné en 1844.

Les Bourses de travail représentent des fédérations régionales de syndicats au lieu de corres-

1. *Annuaire des Syndicats professionnels.*

pondre seulement à des Unions de métiers similaires. Elles sont de créations récentes puisque la plus ancienne, celle de Paris, date de 1887 (1). En 1905, il existait, d'après l'Office du Travail, *114* bourses, représentant *2.360* syndicats (ouvriers bien entendu) et *377.000* adhérents. Une Fédération des Bourses a été constituée et son siège est à Paris (1892).

Nous parlerons bientôt de ces institutions dérivées des autres institutions syndicales et nous invoquerons leur rôle à propos des grèves et du contrat de travail.

1. Voir pour détails, *Histoire des Bourses du travail*, par Pellautier.

II

Le personnel syndical

Nous n'entendons nullement soutenir que l'action syndicale relative au contrat de travail et à la grève dépend exclusivement du nombre connu des syndiqués et surtout de la proportion existant entre ce nombre et la population professionnelle correspondante. Il faut tenir compte d'une influence morale, celle qu'exerce l'existence même d'un groupe, d'un premier faisceau de forces, capable de donner le mouvement à la masse ouvrière, alors même que le nombre des syndiqués régulièrement inscrits reste faible en temps ordinaire.

Au point de vue de la naissance des conflits, de leur gravité, et même de leur violence, le nombre des syndiqués dans chaque métier n'exerce pas une influence marquée.

Une fois les cadres formés, le syndicat compte brusquement une foule d'adhérents durant les périodes de lutte aiguë où des personnalités actives déterminent un mouvement d'opinion en s'appuyant sur le groupe constitué, bien qu'il ne représente, en fait, qu'une minorité parfois insignifiante.

En revanche, l'action bienfaisante, éducatrice et régulatrice du syndicat ne peut s'exercer qu'à la condition de soumettre à une discipline régulière le plus grand nombre possible d'ouvriers représentés par un syndicat. Une poignée d'hommes violents est capable d'entraîner la masse au moment d'une grève et d'effrayer les indécis. Pour faire l'éducation de tous, pour lutter contre les motions révolutionnaires et triompher de l'ignorance par la raison, il faut enrôler un grand nombre de salariés sous la bannière syndicale. Les œuvres utiles des syndicats, caisses de secours, conférences, caisses de prévoyance et de chômage, ne peuvent être créées qu'avec la collaboration du grand nombre.

Le choix des personnes chargées de diriger un syndicat a plus de chances d'être sage, lorsque la majorité des adhérents a été depuis longtemps éclairée sur leurs mérites, lorsque l'éducation de cette majorité a été faite par la pratique de la vie syndicale. S'il n'en est pas ainsi, une minorité de turbulents ou d'ambitieux s'empare de la direction du groupe dans les moments de crise, et la foule suit ces chefs improvisés qui se sont imposés sans qu'on les connût, sans qu'on se fût préoccupé de les choisir après les avoir éprouvés en les voyant à l'œuvre. L'autorité de ces chefs doit être grande, pour qu'ils puissent donner des conseils vraiment sages, au lieu de prêcher la lutte à toute occasion et d'inspirer des résolutions violentes. Or, cette autorité des chefs ne peut être acquise que grâce à la confiance de la grande majorité s'intéressant et prenant part à la vie syndicale.

Tôt ou tard, les discussions relatives aux contrats de travail seront réglées par des accords collectifs, par des négociations entamées poursuivies et achevées au nom d'un syndicat représenté par ses chefs. L'autorité de ces derniers est donc nécessaire, et il faut, d'autre part, que la très grande majorité des ouvriers soumis à la discipline syndicale suive résolument ses représentants. C'est à cette condition seulement que le patron peut traiter avec une collectivité dont les membres ne refuseront pas d'accepter les conditions acceptées par ses chefs.

En France, malheureusement, nous ne constatons pas encore ce groupement, cette cohésion. Le nombre des syndiqués reste très faible — la plupart du temps — par rapport à la population professionnelle correspondante. D'après la statistique officielle de 1896, le nombre des ouvriers de l'industrie du commerce et des transports (femmes non comprises) s'élève à 3.800.000 (1). Or, nous ne comptons que 781.000 syndiqués. La proportion est donc faible : 1 syndiqué sur 5 ouvriers, ou 20 o/o.

Il est désirable, à notre avis, que cette proportion augmente. Le mouvement syndical est irrésistible. L'équilibre, la paix — toute relative bien entendu — ne résulteront que du développement de l'intensité de la vie syndicale — obtenue par l'absorption de la grande majorité des ouvriers — et de la conscience très nette de la responsabilité qu'assument les chefs. A l'heure actuelle, en France, comme nous venons de le

1. Résultats statistiques du recensement des industries, t. IV.

montrer, les syndicats comptent peu d'adhérents.
L'Annuaire des syndicats professionnels nous
fournit quelques indications assez précises et
détaillées à cet égard :

*Proportion des syndiqués (1) par rapport aux
chiffres de la population active d'après le
dernier recensement professionnel.*

Industries	Proportion o/o
Agriculture, forêts, pêche, élevage............	1.32
Mines	50.95
Carrières	14.18
Alimentation (fabrication et commerce....................	6.77
Produits chimiques............	25.54
Papiers cartons, etc............	19.76
Cuirs et peaux............	16.12
Industries textiles............	12.50
Travail des étoffes............	4.93
Industrie du cuir, ameublement............	10.91
Travail des métaux............	15.53
Travail des terres et des pierres au feu............	9.81
Bâtiment, construction (pierre, bois, fer)............	10.06
Transport et manutention.....	14.33
Soins personnels et domestiques............	1.34
Professions libérales............	8.14

1. *Annuaire des syndicats professionnels* (1904-1905).

Dans les mines, la proportion des syndiqués aux ouvriers appartenant à la profession s'élève à 51 o/o. C'est un exemple unique. Dans les carrières, le nombre relatif des syndiqués tombe à 14 o/o ; dans l'industrie textile à 12 o/o ; dans l'industrie des métaux à 15 o/o ; dans le groupe des industries du bâtiment à 10 o/o.

Les adversaires du mouvement syndical connaissent fort bien la faiblesse numérique de ces associations dont ils redoutent l'action.

Cette faiblesse ne laisse pas que de les réjouir et d'entretenir leurs espérances. Ils croient à la disparition prochaine des syndicats ouvriers, et escomptent un pareil événement qu'ils considèrent comme la solution possible du problème irritant des luttes ouvrières.

C'est une erreur. L'ouvrier ne s'agrège pas au syndicat, en temps ordinaire parce qu'il n'en comprend pas encore l'utilité comme instrument d'information, d'éducation sociale et de lutte pacifique. Pour lui, le syndicat n'est qu'une arme de guerre dont on use quand le combat va s'engager. Les cotisations à verser régulièrement l'effraient, et il n'en voit pas la nécessité parce qu'il reste précisément étranger à toute œuvre syndicale d'instruction, de prévoyance ou d'assistance. Mais il est, en revanche, tout à fait chimérique d'espérer que les syndicats ouvriers disparaîtront. L'étude des réalités nous apprend, au contraire, que leur nombre augmente. Leur fonction principale — parfois même exclusive — consiste à répandre des idées révolutionnaires, à grouper une minorité d'agitateurs et à préparer des conflits nouveaux au lieu de les prévenir. Le moment venu, la lutte entamée, ce sont les chefs du petit groupe syndical qui prolongent le conflit et le rendent plus violent parce qu'il emprunte précisément son caractère aux opinions excessives et aux passions de la minorité qui agite et excite la foule ouvrière. Ainsi comprise l'action du syndicat ne comporte nullement l'adhésion générale et la présence régulière des ouvriers engagés dans la profession. L'organe syndical agit à la façon d'un ferment et il n'est point nécessaire que le nombre des syndiqués soit considérable pour que cette influence perturbatrice et trop souvent incohérente se fasse sentir au moment décisif. Les effets les plus fâcheux du groupement syndical résultant seuls de la permanence de l'association, ses effets bienfaisants restent nuls ou à peu près. Nous avons, d'ailleurs, la conviction que c'est là une situation, toute provisoire et une organisation en voie d'évolution. Il ne saurait être question de revenir en arrière et de songer à priver la classe ouvrière d'un droit d'association parfaitement légitime malgré les abus que comporte son exercice à l'heure actuelle. Les esprits vraiment libéraux peuvent déplorer les tendances, les fautes ou les erreurs de la politique syndicale ouvrière ; ils ne songent pas à supprimer une liberté et à en discuter même le principe.

On pourrait nous objecter que certains syndicats ne semblent pas animés d'un meilleur esprit, bien qu'ils comprennent une fraction très importante de la population ouvrière, tel est le syndicat des ouvriers des mines que nous citions plus haut et auquel se trouve agrégée la moitié des salariés. Cette objection ne porte pas. En dehors de l'œuvre purement économique et sociale des syndicats, il faut tenir compte de l'œuvre politique qu'ils ont entreprise. Les ouvriers des mines, sont guidés dans leur lutte par des idées politiques. La grève, par exemple, n'est pas seulement pour eux un moyen d'élever leur condition, c'est surtout un arme qui leur paraît indispensable pour arriver à la transformation de la propriété privée en propriété collective par une expropriation sans indemnité, résultant de la réduction progressive des intérêts servis au capital. La hausse des salaires est un moyen et non pas seulement un but, parce que l'augmentation des dépenses de main-d'œuvre, doit entraîner la suppression effective des dividendes servis aux actionnaires et la reprise inévitable, entre les mains de ces derniers, d'une exploitation devenue impossible.

Ces visées politiques transforment et bouleversent la vie syndicale. Elles détournent les associations professionnelles de la voie normale dans laquelle elles devraient s'engager.

Il y a là encore une évolution à accomplir, des expériences redoutables à faire, mais notre conviction n'est pas pour cela ébranlée. Rien ne saurait arrêter aujourd'hui la classe ouvrière dans sa marche, si ce n'est la conscience de son impuissance à modifier l'ordre social en élevant la condition de tous sans attendre que l'accroissement des richesses produites rende cette transformation réalisable. L'œuvre éducatrice des syndicats rendra cette vérité plus claire et plus frappante, et cette œuvre ne peut être accomplie qu'avec la collaboration de la majorité.

Aujourd'hui — encore — des syndicats recrutant un grand nombre d'adhérents sont entraînés par des visées politiques que nous jugeons chimériques ; demain — ou dans vingt ans — leurs ambitions seront tout autres. D'autres syndicats, des syndicats indépendants ou « Jaunes », comme on les appelle, viendront remplacer les premiers et rallieront la majorité désabusée.

Alors commencera vraiment l'œuvre raisonnable et utile du syndicat.

Elle consistera à discuter d'égal à égal avec le patron ou le syndicat patronal, à améliorer les conditions du contrat de travail au lieu de briser le contrat sans souci des désastres qu'entraînent l'inaction et le chômage. C'est ainsi qu'en Angleterre, grâce à l'organisation remarquable des « Trade-Unions » le nombre des grèves semble diminuer au lieu d'augmenter :

	1893-1897	1898-1902
Moyenne annuelle du nombre des grévistes	330.000	212.000
Moyenne annuelle du nombre des jours de chômage par suite de grèves	11.962.000	8.716.000

En 1903, le nombre des grévistes est même tombé à 117.000 et le nombre des jours de chômage à 2.338.000.

Il est vrai qu'en Angleterre le rapport du nombre des ouvriers « syndiqués » à la population professionnelle correspondante, dépasse 30 o/o.

En France, un syndicat bien organisé au point de vue économique, la Fédération des travailleurs du Livre, ne recourt également à la grève qu'après une période de libre discussion, et après avoir épuisé tous les moyens de conciliation. C'est ce que disent très explicitement certains articles de ses statuts :

« Lorsqu'il y aura dissentiment dans une section entre les patrons et les ouvriers, ces derniers ne devront jamais quitter l'atelier sans l'autorisation du directeur. Le comité, avant d'appliquer ses décisions, devra les soumettre au comité central en lui fournissant les renseignements précis qui ont déterminé son attitude.

« Dans aucun cas la grève ne devra être autorisée avant d'avoir épuisé tous les moyens de conciliation.

« Le comité central se réserve toujours le droit, au début d'une grève, de déléguer un ou plusieurs de ses membres, pour faciliter l'entente, ou au besoin, pour faire partie du comité directeur de la grève... »

On voit que les chefs reconnus, choisis et responsables à l'égard de leurs commettants, ont conscience tout à la fois de leur autorité et de leurs devoirs.

Ils acquièrent cette autorité et prennent conscience de leurs devoirs en groupant autour d'eux une grosse majorité des ouvriers engagés dans les professions qui sont représentées par la Fédération.

L'ACTION SYNDICALE
LA GRÈVE ET LE CONTRAT
DE TRAVAIL

Il est certain que l'action syndicale ouvrière peut avoir pour objet de modifier toutes les clauses du contrat de travail dans un sens plus favorable aux intérêts des salariés : clause relative à la durée du travail journalier, clause relative aux salaires, à leur mode de paiement, à leur taux, à la fixation et à l'application des tarifs s'il s'agit de travail aux pièces, à l'hygiène ou à la police des ateliers, etc., etc.

Tout ce que les partisans de la réglementation légale et de « l'interventionnisme » attendent de l'application d'un texte, peut être obtenu à la suite d'une discussion, d'une résistance, d'une coalition ou même d'une grève, par des syndicats solidements constitués et parfaitement instruits de ce qu'ils *peuvent exiger parce que le patron peut l'accorder* sans être acculé à la ruine.

En fait, nos syndicats ouvriers jusqu'à présent ont surtout pour objectif la hausse des salaires ; leur principal moyen d'action est la grève brusquement déclarée (1) qui ne laisse pas au patron le temps de discuter, d'éclairer ses ouvriers... ou de les remplacer par d'autres travailleurs venus à son appel.

Ces crises brusques, mouvements incohérents et violents, révèlent précisément l'absence presque complète d'éducation sociale et de préparation à la vie syndicale.

En 1899, le directeur du Creusot, M. Schneiper pouvait écrire au sous-préfet d'Autun :

« Je prends acte, devant vous, qu'aujourd'hui *quatrième* jour de la grève, les revendications des ouvriers ne sont pas encore en état de m'être soumises. »

Lors des grèves de Montceau (Saône-et-Loire), le syndicat décida la grève avant d'avoir fait connaître les desiderata des syndiqués.

Les grèves déclarées ont le plus souvent pour objectif la hausse des salaires ; c'est ce que nous avons prouvé plus haut (2). On a soutenu que l'action syndicale était étrangère à ces conflits. Nous ne saurions partager ces illusions. Il existe une relation visible, sinon un lien étroit, entre la multiplication des syndicats ouvriers, dans notre pays, et le nombre des grèves. C'est ce que montre avec quelque clarté le tableau suivant :

---

1. Voir à cet égard le chapitre de M. Bureau dans son livre sur *Le Contrat du Travail*, p. 54. *Conclusion sur le mouvement Elbeuvien.*

2. Voir notre chapitre : *Les coalitions et les grèves.*

Années	Nombre de grèves	Nombre de grévistes	Nombre de syndicats ouvriers
	mille	mille	mille
1890	313	118	1.006
1891	267	108	1.250
1892	261	48	1.589
1893	634	170	1.926
1894	391	54	2.178
1895	405	45	2.163
1896	476	49	2.243
1897	356	68	
1898	368	82	2.361
1899	739	176	2.685
1900	902	222	3.287
1901	523	111	3.679
1902	512	212	3.934
1903	567	123	4.227
1904	1.026	271	4.625

En 1904, sur 1026 grèves, on en a compté 770, ou 76 o/o, dont le personnel était agrégé à un syndicat. C'est, chose curieuse, une proportion très voisine de celle que l'on a calculée aux États-Unis il y a vingt ans (1881-1886).

Dans son ouvrage si instructif sur *l'Évolution industrielle aux États-Unis* (1), M. Carroll D. Wright, donne le rapport de *82 o/o* et spé-

1. Voir l'Étude : Strikes and Lockouts in the United States, by W. Hanger, dans le *Bulletin of the Bureau of Labor*, sept. 1904.

cifie avec soin que ces grèves ont été *suscitées* par les syndicats. De 1881 à 1900, ce chiffre s'abaisse à 63 o/o (1). Il reste, néanmoins analogue ou comparable à celui que l'on a relevé pour la France.

Il est aisé de voir, d'ailleurs, qu'aux États-Unis, le nombre absolu des grèves et notamment celui des conflits provoqués par les syndicats (*Labor organizations*) s'est accru rapidement depuis vingt ans. En voici la preuve (2).

Années	Grèves		Grévistes engagés dans les grèves	
	ordonnées par les Syndicats	autres	ordonnées par les Syndicats	autres
			mille	mille
1881	222	249	72	57
1885	361	284	159	83
1890	1.306	525	264	87
1895	658	555	270	121
1900	1.164	615	407	97
Total (1881-1900)	14.457	8.326	4.506	1.596

1. Traduction française avec préface de M. Levasseur, Paris, 1901. Giard et Brière, p. 321.

2. *Bulletin of the Bureau of Labor* (U. S.) sept. 1904.

Le nombre des grèves provoquées par les syndicats passe de 222 en 1881 à 1.164 en 1900; elles se sont donc multipliées dans la proportion de 1 à 5. L'effectif des grévistes augmente plus rapidement encore puisqu'il s'élève de 72.000 à 407.000 pour les grèves syndicales tandis que ces effectifs restent presque stationnaires, et en tous cas très faibles, quand il s'agit des grèves que les syndicats n'ont ni provoquées, ni soutenues. Ces derniers chiffres pouvent bien qu'aux Etats-Unis, comme en France, les syndicats exercent une influence décisive sur les conflits et sur la masse ouvrière qui s'y trouve engagée. Il serait puéril de se dissimuler la puissance de l'organisation ouvrière. Mais d'autre part, l'exemple des Etats-Unis nous prouve que ces luttes répétées, toujours plus nombreuses depuis vingt ans et plus graves aussi puisque le nombre des grévistes augmente, sont la conséquence de la liberté du contrat de travail et de l'association. L'exercice de tous les droits reconnus aux ouvriers comme aux patrons comporte des dangers, des conflits, des pertes inévitables. C'est la rançon de la liberté. A ceux qui seraient tentés d'exagérer les méfaits de cette liberté et les dangers de l'action syndicale dans notre pays, on peut opposer l'exemple des Etats-Unis où les progrès de la richesse sont indéniables *malgré* la fréquence des conflits du travail.

« Il n'est pas douteux que le syndicat ait multiplié et fortifié les grèves, dit M. Levasseur dans *L'ouvrier Américain...* (1).

1. T. II, p. 435, 2 vol. Paris, 1898, chez Larose.

« Cependant l'association est un droit, et l'association syndicale est devenue un fait contre lequel il serait à la fois illibéral et intempestif de protester. Les syndicats ouvriers remontent déjà à plus d'un demi-siècle en Angleterre. Ils sont en général de date plus récente en Amérique et en France, leur développement est un fait considérable dans l'histoire des classes ouvrières dont il assure une nouvelle période. »

Cette période est nouvelle comme le dit avec raison M. Levasseur, et c'est là qu'il faut chercher l'explication de la fréquence, de l'incohérence et des visées chimériques des grèves. La volonté des ouvriers subit le contre-coup des passions violentes et des illusions de ceux qui les entraînent.

« A l'heure actuelle, dit un homme politique français, comment une volonté se dégage-t-elle d'une agglomération de travailleurs ?

« C'est bien simple : les ouvriers, sans consultation régulière, sans délibération ordonnée, arrêtent comme ils veulent, ou plutôt comme ils peuvent, leurs résolutions. Très souvent, trop souvent, c'est avant même d'avoir formulé ce qu'ils désirent qu'ils cessent le travail. Est-ce qu'en fait, lorsqu'ils quittent l'atelier, c'est que la majorité l'a décidé ? D'abord nous n'en savons rien puisqu'elle n'a pas été régulièrement consultée ; mais, en fait, nous savons bien, et personne ne le nie d'aucun côté, que très souvent, il y en a même qui disent le plus souvent, c'est une minorité qui impose sa volonté à la majorité. » (1).

1. Millerand. Discours à la Chambre de Commerce de Paris, 30 janvier 1901.

Le mal est là. Il faudra que la pratique de la liberté et l'éducation syndicale forcent l'ouvrier à réfléchir, à discuter, au lieu de suivre une impulsion et de céder aux excitations d'une minorité.

Nous croyons, d'ailleurs, très sincèrement qu'on se fait des illusions à propos de l'influence perturbatrice et nocive des syndicats et des grèves qu'ils excitent. Dans un chapitre de ce livre (1), nous avons montré combien les chiffres absolus, se rapportant aux grèves ou aux grévistes donnaient une idée inexacte de l'importance réelle des conflits. Les grèves sont de courte durée ; les effectifs ouvriers ne représentent qu'une fraction médiocre de la population ouvrière ; les conflits, enfin, sont localisés. M. Levasseur exprime une opinion semblable dans *L'ouvrier Américain*. « La grève, dit-il », est un mal comme la guerre... Cependant, comme la guerre dans la vie des nations, la grève est relativement un fait rare dans la vie industrielle ; il n'y a qu'une très minime partie des salariés d'un pays tel que l'Amérique. qui s'y trouvent engagée chaque année.

Cette observation nous conduit à rechercher quels sont précisément les *résultats* — heureux ou malheureux — de l'action syndicale. Les gains qu'elle assure à l'ouvrier sont-ils notables ; les pertes qu'elle provoque en suscitant des conflits sont-elles plus grandes encore ; observe-t-on une hausse des salaires qui soit en rapport avec le développement de l'action syndicale et la multiplication des grèves ?

1. Voir notre chapitre : Les coalitions et les grèves.
2. *Op. cit.*, p. 437, t. II.

L'ACTION SYNDICALE ET
SES RÉSULTATS

Nous nous garderons bien d'invoquer ici l'opinion ou de nous abriter derrière les noms des économistes que l'on nomme orthodoxes, comme si la vérité comportait l'existence d'une Église orthodoxe chargée seule de l'enseigner, et seule capable de la connaître.

M. Gide qui raille les économistes libéraux sous prétexte d'orthodoxie, doit être cité ici, parce qu'il reconnaît avec la plus parfaite franchise l'insuffisance des résultats de l'action syndicale.

« A quoi, dit-il, par tous pays, les associations professionnelles ont-elles abouti (1)? On sait quel est le scepticisme des économistes et des gens pratiques à cet égard. Et, il faut avouer que sans chercher plus loin que dans les rapports exposés (en 1900), et en prenant précisément celui qui nous a servi de cadre, celui de la Fédération du Livre, ce scepticisme peut trouver quelque justification. Nous voyons, en effet, que le salaire des

1. *Économie Sociale*, par Ch. Gide, 1 vol., chez Larose. Paris, 1905.

ouvriers typographes qui était de 0,50 en 1843, s'est élevé à o fr. 65 en 1878 et depuis lors n'a plus augmenté, donc n'a augmenté que de 30 o/o en plus d'un demi-siècle, alors que, comme nous l'avons déjà vu, le taux des salaires avait en général doublé. Le typographe d'aujourd'hui, gagne moins que le maçon.

« Et en ce qui concerne la réduction de la journée de travail, le progrès ne paraît pas plus grand — à en juger par l'article 18 des statuts qui promet l'appui de la Fédération « aux sections qui demanderont la journée de dix heures, ainsi que la gratification à partir de la onzième heure ».

Si tels sont les résultats obtenus par la Fédération Syndicale la mieux organisée de France que doit-il être des autres ? »

L'aveu est clair, précis et loyal. On peut même faire une autre remarque, c'est que la hausse des salaires a été très rapide de 1850 à 1880, c'est-à-dire avant tout développement possible du mouvement syndical, tandis que le prix de la journée de travail s'est faiblement accru depuis 1880, au moment même où les syndicats multipliaient leurs efforts — au moyen de la grève — en vue d'élever les salaires (1).

M. Gide ne pouvait manquer de signaler ce contraste saisissant et ce paradoxe social inexpliqué.

1. Voir notre chapitre : La marche des salaires de 1790 à 1900.

« On pourrait, dit-il (1), nous opposer le diagramme donné à la page 66. En effet, il nous montre la grande hausse des salaires se manifestant de 1850 à 1880 et se ralentissant beaucoup à partir de 1880, alors que, pour la France du moins, la loi créant les syndicats professionnels ne date que de 1884 !

« L'entrée en scène des syndicats coïncide donc précisément avec la période du siècle où la hausse a été la plus faible ? »

L'auteur, toutefois, ne se tient pas pour satisfait et se refuse à admettre que le mouvement syndical ait été impuissant à relever les salaires. M. Gide argumente et propose l'explication suivante :

« A cela nous répondrons qu'en admettant même que la brusque hausse du milieu du siècle soit due à des causes économiques générales, indépendantes de l'action des syndicats, vraisemblablement cette haute vague se serait affaissée et le salaire serait retombé en même temps que la valeur des métaux précieux (2) *si* l'action des organisations ouvrières ne l'avait maintenu à ce niveau où un phénomène momentané l'avait poussé ; et de plus que l'action des syndicats n'a pas attendu, dans le monde ni même en France, la loi de 1884 pour se faire sentir. Avant la fin

1. *Op. cit.* p. 101.

2. Nous pensons que la « valeur » des métaux précieux n'est pas tombée, mais s'est élevée au contraire, car la puissance d'achat de l'or a probablement augmenté en raison de sa rareté relative.

du second Empire, déjà la loi de 1864 reconnaissait aux ouvriers le droit de coalition. Et tous les ans à partir de cette date il s'est créé quelques syndicats ouvriers : à la veille de la promulgation de la loi, en 1883, ils étaient déjà 325. Et même bien avant la loi de 1864, les ouvriers savaient lutter pour leur salaire : la preuve, c'est que depuis 1848 les tribunaux prononçaient en moyenne 4.000 condamnations pour faits de grève (1). »

Ce dernier argument nous paraît assez faible. On ne voit pas comment 4.000 condamnations ont pu contribuer à relever les salaires, alors que la faiblesse complaisante des cabinets radicaux, depuis dix ans, n'a pas produit un résultat même comparable en accordant aux grévistes les plus étranges facilités pour terroriser leurs compagnons hésitants ou dissidents ! Tout le monde sait qu'il existait des associations ouvrières, non seulement sous le second Empire, mais encore sous la Restauration et le gouvernement de Juillet ; celle des charpentiers (2) est une des plus connues. Ces associations ne paraissent pas avoir obtenu un relèvement des salaires dans le groupe professionnel qu'elles représentaient et — *a fortiori* — dans les autres catégories de travailleurs manuels.

M. Gide assimile la hausse des salaires entre 1850 et 1880 à une vague qui se serait affaissée

1. Gide, *loc. cit.*, p. 102.
2. Voir Levasseur, *Histoire des classes ouvrières de 1789 à 1870.*

en même temps que la valeur des métaux précieux. C'est là une hypothèse très hardie. L'auteur veut probablement dire que l'abondance extraordinaire de l'or a provoqué une hausse assez générale des prix, notamment du prix des denrées alimentaires, et que le cours des salaires a suivi le même mouvement sur le marché du travail. C'est fort possible, mais il ne faut pas oublier que la hausse des prix après 1850 n'a pas été le seul phénomène économique dont l'action ait pu s'exercer sur le prix du travail.

Le développement de la production industrielle et agricole et les transformations des moyens de transport ne sauraient être passés sous silence ; l'accroissement incontesté (1) de la richesse publique et privée sous toutes ses formes a donc exercé la même influence que la hausse générale des prix. Ce développement de la masse des richesses partageables n'a pas été un fait momentané ; il s'est poursuivi après 1880 malgré la baisse des prix, et les salaires réels se sont accrus bien que les salaires nominaux aient suivi une marche ascensionnelle plus lente. Nous n'avons donc pas le droit d'affirmer que l'action des syndicats a seule maintenu le salaire au niveau où un « phénomène momentané » (l'afflux de l'or californien) l'avait porté.

Tout ce que l'on doit dire, à notre avis, c'est que la hausse des prix entraîne dans sa marche les salaires.

1. Voir Gide, *Principes d'Économie politique*, p. 456-458, 8ᵉ édit., Paris, 1903.

On l'a observé déjà après 1850; on l'observe en ce moment même et, à cet égard, les récentes statistiques publiées par le *Department of Labor* aux États-Unis, éclairent la discussion d'un jour très vif (1).

Voici les variations simultanées du prix de la *semaine* de travail — unité adoptée en Amérique, et, d'autre part, du cours des denrées alimentaires consommées (prix de détail) :

(Les chiffres moyens
de la période 1890-1899 = 100)

Années	Gains par semaine	Prix de détail des denrées consommées par une famille
1890	101	102,4
1891	100,8	103,8
1892	101,3	101,9
1893	101,2	104,4
1894	97,7	99,7
1895	98,4	97,8
1896	99,5	95,5
1897	99,2	96,3
1898	99,9	98,7
1899	101,2	99,5
1900	104,1	101,1
1901	105,9	105,2
1902	109,2	110,9
1903	112,2	110,3
1904	112,2	111,7

1. *Bulletin of the Bureau of Labor*, n° 59, July, 1905.

Pendant dix ans, de 1890 à 1900, les gains hebdomadaires de l'ouvrier — pris en général — n'ont pas varié. En revanche, le prix des denrées alimentaires avait fléchi et par conséquent les salaires réels avaient augmenté quelque peu. Durant cette même série d'années, il est parfaitement certain que l'action syndicale s'est fait sentir et que le nombre des grèves — ayant pour objectif une augmentation de salaire,— s'est accru. Les résultats sont à peu près nuls. A partir de 1900, au contraire, le prix du travail augmente, mais il se proportionne au coût de la vie et en particulier à celui de la nourriture qui est devenue plus chère. L'action syndicale a donc eu tout au plus comme résultat, au même moment, de provoquer une hausse des salaires nominaux sans que le salaire réel fût sensiblement modifié. Cette accommodation, ce retour à l'équilibre entre les salaires et le coût de l'alimentation ont d'ailleurs été observés, soit aux Etats-Unis, soit en France, à d'autres époques, bien avant que l'influence des syndicats s'exerçât (1).

Toutefois nous devons noter un fait très intéressant et tout récent, à savoir la réduction du nombre des heures de travail par jour ou par semaine, durant les premières années du xx° siècle, aux Etats-Unis.

Il résulte de cette réforme, que le prix du travail par heure s'est accru plus rapidement que les sa-

---

1. Voir notamment sur ce point les remarques de M. Levasseur dans son livre *La question de l'or*. Paris, 1857.

laires hebdomadaires et le coût de l'alimentation.
Voici les chiffres relatifs empruntés au même document (1) américain.

(Les moyennes 1890-1899 = 100)

Années	Nombre d'heures de travail par semaine	Salaire par heure
1890	100,7	100,3
1891	100,5	100,3
1892	100,5	100,8
1893	100,3	100,9
1894	99,8	97,9
1895	100,1	98,3
1896	99,8	99,7
1897	99,6	99,6
1898	99,7	100,2
1899	99,2	102,0
1900	98,7	105,5
1901	98,1	108,0
1902	97,3	112,2
1903	96,6	116,3
1904	95,9	117,0

Il suffit d'ailleurs, de jeter les yeux sur ce
tableau pour voir que la réduction de la durée
du travail est toute récente et que nous ignorons
par conséquent la portée ou la persistance de
cette mesure. Il est, cependant, très vraisemblable que l'action syndicale n'est pas étrangère à
ce résultat.

1. *Bulletin*, July, 1905, p. 17.

En définitive, le développement des associations professionnelles et leur influence ne paraissent pas avoir exercé sur les salaires une action plus décisive aux Etats-Unis qu'en France.

M. Gide cite les résultats d'une enquête faite en 1894 dans l'Etat de New-York auprès des « Trade-Unions ».

« Votre Union a-t-elle obtenu des augmentations de salaires ? Sur 638 réponses, il y a eu 402 *oui*. — « Votre Union a-t-elle obtenu une réduction des heures de travail ? Sur 657, il y a eu 404 *oui*. — Votre Union a-t-elle amélioré les conditions générales d'exercice de la profession ? Sur 695, il y a eu 622 *oui*. »

L'argument tiré de ces enquêtes et des réponses aux questions posées, ne nous paraît pas tout à fait probant parce qu'il faut tenir compte des illusions involontaires ou intéressées des adhérents à ces syndicats, de leur désir très humain d'expliquer les améliorations constatées, en les attribuant à l'action de leurs groupes....

En outre il est visible que du propre aveu des Trade-Unionistes enquêtés, les échecs ont été nombreux et représentent au moins le tiers des cas visés, notamment en ce qui touche la hausse des salaires.

M. Leroy-Beaulieu, cite quelques lignes suggestives d'un ouvrage de Howell (1) sur l'insuccès de certaines grèves syndicales en Angleterre.

---

1. *Le présent et l'avenir des Trades-Unions.*

« La seconde partie de la décade (1870-1880) ne fut pas aussi prospère. Les affaires se ralentirent, les prix tombèrent et les salaires furent réduits. Les Unions essayèrent autant que possible de résister à ces réductions. Il en résulta de grandes grèves dans plusieurs industries, grèves qui, dans bien des cas, n'eurent pour résultats que des désastres, des souffrances et la ruine presque complète de beaucoup d'anciennes Unions. *Mais rien ne put empêcher la baisse des salaires qui, dans certaines professions, retombèrent aussi bas qu'ils étaient avant l'ère de grande prospérité.* »

Les salaires ne dépendent donc point seulement de l'action exercée par les groupements syndicaux ; ils sont fixés par des lois économiques et par un ensemble de faits que les ouvriers ne peuvent pas négliger ou modifier. C'est ce que la foule paraît ignorer parce qu'elle se fait des illusions sur les bénéfices réalisés par les employeurs aussi bien que sur la masse des richesses produites. Nous ne songeons pas, d'ailleurs, à nier l'influence que les coalitions, les grèves et l'action syndicale peuvent exercer dans le sens de la hausse des salaires. Un des chapitres de ce livre est précisément consacré à l'étude des grèves, et nous avons signalé la fréquence des succès remportés par les ouvriers. Ce que nous ne saurions admettre, c'est que le relèvement de la condition matérielle des travailleurs manuels soit exclusivement ou principalement dû à des conflits prolongés, violents, et sans cesse renouvelés.

L'étude des faits, dans le passé, nous démontre clairement que la situation du salarié s'est améliorée très largement et très rapidement au moment où la puissance des associations professionnelles était encore très médiocre pour ne pas dire nulle. L'action des syndicats et celle des coalitions ouvrières précipitent ou maintiennent peut-être les hausses de salaires, elles constituent une des forces en jeu, mais il serait téméraire — ou même tout à fait inexact — de leur attribuer une portée et une efficacité que l'observation des faits n'a nullement établies.

En revanche, nous croyons qu'on est tenté d'exagérer les pertes qui résultent immédiatement et directement des conflits provoqués par les syndicats ouvriers.

Certes, ces pertes infligées aux ouvriers ne laissent pas que d'être considérables ; elles se chiffrent par millions puisque le nombre des jours-chômés peut dépasser 3.900.000 dans une seule année (1904).

Lorsque les grèves se prolongent, les privations de salaires ne peuvent être compensées que par une hausse assez forte pendant un temps fort long. L'Office du travail s'est livré à des calculs très hasardés pour démontrer que dans beaucoup de cas les gains obtenus après trois cents jours (coefficient officiel) surpassaient les pertes — au moins lorsque la grève réussit. Les statisticiens officiels (1) supposent que les avantages obtenus

1. Voir à sujet la brochure de M. Fontaine : *Les Grèves et la conciliation.*

sont permanents : c'est une première hypothèse que l'étude générale de la marche des salaires ne confirme pas d'une façon certaine. Ils ne tiennent pas compte davantage des efforts faits par les patrons pour réduire la main-d'œuvre devenue plus chère, substituer le travail des femmes à celui des hommes, etc., etc.

Lorsqu'il s'agit de la réduction de la durée du travail, la grève qui obtient pour résultat le maintien des salaires journaliers antérieurs, ne permet pas à l'ouvrier de compenser ses pertes par un supplément de recettes. Il a simplement gagné quelques heures de loisir par semaine. Enfin tous les conflits — assez nombreux — (1) qui ont pour cause le renvoi d'un chef d'atelier ou la réintégration des ouvriers congédiés, etc., etc., ne sauraient avoir pour résultat une hausse de salaires.

Tout compte fait, pour 508 grèves, la balance des pertes et gains, calculés par l'Office du travail, se solderait par un bénéfice de 5 millions de francs au profit des ouvriers. C'est un résultat médiocre. M. Fontaine, dans sa brochure, fait remarquer, en revanche, très justement, que le nombre des jours chômés ne représente qu'une fraction très faible des jours de travail pris dans leur ensemble. L'influence perturbatrice et nocive des grèves syndicales est donc bien moins grave qu'elle ne le paraît, quand on se borne à noter des

1. Et même les plus nombreux après ceux causés par des demandes de hausse de salaire.

chiffres absolus. C'est ce que nous avons déjà fait observer dans un précédent chapitre.

Les pertes infligées aux patrons ne sont ni enregistrées ni évaluées par la statistique officielle pour la raison excellente qu'elles ne sont guère connues que des intéressés.

Il est cependant certain qu'elles sont considérables. Nous avons démontré que les patrons cédaient et acceptaient les demandes de leurs ouvriers au bout de quelques jours pour prévenir des désastres (1).

L'improductivité des capitaux représentés par une usine, une manufacture, un haut fourneau, les réclamations de la clientèle ou les ruptures des contrats de fournitures, correspondent à des pertes bien supérieures, à celles que subissent les ouvriers des établissements où le travail cesse à la suite d'une grève syndicale.

Assurément, il ne faut rien exagérer non plus à cet égard, et le nombre des patrons qui subissent une grève est peu important d'une façon *relative*.

La généralisation des conflits, l'insécurité qui en résulte pour les industriels, peuvent cependant avoir une répercussion fâcheuse sur la production et l'entraver. L'action syndicale nuirait dans ce cas aux intérêts qu'elle a la prétention de servir, car la hausse des salaires résulte à notre avis de l'activité industrielle et du développement de la production beaucoup plus que de la réduction des profits patronaux imposée par l'intervention des associations professionnelles.

1. Voir notre chapitre : Les coalitions et les grèves.

LE SYNDICAT ET L'ESPRIT CORPORATIF

Parmi les résultats de l'action syndicale, il y a lieu de faire état des tendances ou même des faits relatifs à la constitution de monopoles constitués en faveur des syndiqués.

M. Gide cite, avec raison, comme un exemple fâcheux de cet esprit « corporatif » celui des syndicats de gantiers décidant que « nul ne pourra apprendre le métier s'il n'est fils d'ouvrier gantier ».

Un autre exemple (1) est fourni par la Fédération du Livre qui tend à exclure les femmes dont la concurrence avilit les salaires.

Cette même Fédération limite le nombre des apprentis dans le but de réduire, par voie de conséquence, le nombre des ouvriers exerçant la même profession et de raréfier l'offre de travail pour maintenir les salaires: « Non seulement c'est un droit, dit M. Gide, mais c'est un devoir strict pour *les syndicats* de veiller à ce que le métier

1, M. Leroy-Beaulieu cite de nombreux exemples de ces tendances dans son *Traité d'Économie politique*, t. II, p, 464 et 509.

ne soit pas encombré par des candidats qui y mourraient de faim et feraient mourir de faim ceux qui y sont déjà. » Si c'était là une théorie générale, son application comporterait le « devoir et le droit », comme dit M. Gide, de limiter partout la concurrence en fixant le nombre des syndiqués admis dans une association professionnelle ! Or, si le droit de limiter le nombre des ouvriers de chaque profession est reconnu aux syndicats qui la représentent, il est clair que l'on arrive immédiatement à la reconstitution des corporations fermées. C'est l'évidence même.

*
* *

La limitation des heures de travail paraît avoir souvent pour objectif, non pas seulement une augmentation de loisirs, mais la nécessité imposée aux patrons d'élever le nombre des ouvriers employés dans un même atelier pour exécuter la même besogne.

La proscription du travail aux pièces (1) est également une des revendications syndicales, parce qu'on suppose que l'ouvrier travaillant de cette façon, produit plus, et réduit le salaire *total* distribué à la masse des syndiqués professionnels.

C'est une application de la théorie du *Lump of Labour* analogue à la théorie du fonds des

1. Voir à ce sujet le livre d'ailleurs intéressant de David Schloss avec introduction par M. Rist. — Paris, 1902. Giard et Brière, Paris, rue Soufflot : *Les modes de rémunération du travail.*

salaires (Wages-Fund). Cette théorie et son application par les syndicats supposent la « croyance » déjà signalée par nous, à l'existence d'une masse énorme de richesses produites (1) et dont il convient simplement de saisir une fraction de plus en plus forte entre les mains des employeurs qui la détiennent. Au lieu d'accroître la productivité du travail et du travailleur, c'est une somme plus considérable de salaires qu'il faudrait arracher à la « rapacité » patronale.

Les mêmes préoccupations procédant, en fait, des mêmes conceptions théoriques, se sont révélées, il y a quelques mois lors des grèves agricoles du Midi. Les syndicats ont émis la prétention de fixer arbitrairement le nombre des ouvriers appelés à travailler dans un domaine et d'imposer cette main-d'œuvre au propriétaire en limitant les heures de travail de façon à assurer de l'occupation aux escouades qui lui seraient assignées. A Vias, par exemple, les ouvriers agricoles ont ainsi précisé leurs revendications :

« Considérant que les travaux donnés à forfait sont la cause déterminante qu'un certain nombre d'ouvriers sont obligés de chômer, les *propriétaires ne pourront donner des travaux à forfait que lorsque les travaux seront en retard ou que tous les ouvriers travailleront* (2). »

1. Voir notre chapitre : Des illusions relatives à la masse des richesses produites.

2. Supplément aux *Annales du Musée social*, décembre 1904. « Les résultats des grèves agricoles dans le Midi », par M. Augé-Laribé.

Là encore nous voyons la trace visible de la croyance naïve à la richesse inépuisable do l'employeur auquel, il suffit d'imposer des sacrifices pour qu'il puisse effectivement les subir.

En présence des avantages extraordinaires que pourrait conférer le syndicat à ceux qui s'y agrégeraient, il est clair que l'adhésion des intéressés ne devrait pas se faire attendre. Pour les mieux attirer et disposer d'eux sans réserves, le syndicat émet encore la prétention d'assurer *seul* le placement des travailleurs adhérents. Et comme il tend, d'autre part, à limiter le nombre des syndiqués en vue d'agir sur l'offre de travail, on voit s'édifier, en théorie tout au moins, un organisme corporatif analogue aux anciens « corps » que les hommes de la Révolution ont voulu briser à jamais en interdisant les associations. Il n'est pas moins visible que la machine oppressive et brutale, dont l'action syndicale prétend se servir, aurait pour effet de rejeter dans une dernière classe de désespérés ou de parias tous ceux qui témoigneraient de quelque indépendance ou qui n'auraient pas réussi à se glisser dans une association professionnelle. C'est la méthode du « refoulement », résultat presque inévitable du réveil de l'esprit exclusif et jaloux des corporations.

Toutes ces tendances syndicales ne sont point nouvelles. Il y a soixante ans, elles constituaient une sorte de théorie et d'ébauche d'organisation sociale connue sous le nom d'Organisation du travail.

Voici déjà comment on pouvait exposer et réfuter ces théories :

« Nous confessons que notre intelligence ne s'est jamais élevée jusqu'à la compréhension de ce gouvernement de la liberté par l'arbitraire, et de la concurrence par le monopole.

« Nous allons en demander l'explication à ceux qui prétendent le comprendre.

« Qu'entendez-vous, leur dirons-nous, par l'organisation du travail ? Est-ce le rétablissement des corporations exclusives d'ouvriers, des « jurandes » et des « maîtrises », sortes de cadres légaux où on ne laissait entrer qu'un certain nombre d'ouvriers de peur qu'un plus grand nombre ne dépassât les besoins de la profession et ne se fît à soi-même concurrence ? Mais qui ne voit qu'en garantissant ainsi le travail pour ceux qui sont dans les cadres, vous l'interdisez à ceux qui sont dehors, et que vous ruinez ainsi d'une main le travail que vous garantissez de l'autre ? La Révolution tout entière a été faite pour que tous les emplois fussent librement accessibles à tous les citoyens, et vous commenceriez par déclarer le travail, le salaire et le pain accessibles seulement à ceux-ci, inaccessibles à ceux-là ? Vous avez renversé l'aristocratie et la féodalité au sommet de votre société et vous rétabliriez l'aristocratie du travail et la féodalité du salaire aux plus bas étages de votre ordre social ? Vous avez détruit la noblesse des rangs, et vous recréeriez la noblesse des outils ? Vous avez conquis la liberté civile et politique, et vous déclareriez l'arbitraire de l'esclavage des professions ?

« Mais ce serait la contre-révolution la plus stupide. Ce serait avoir deux principes de gouvernement contradictoires dans le même Etat ; ce serait couper la nation en deux, ce serait déclarer que ce qui est vrai en haut est mensonge en bas et que pendant que la partie politique et propriétaire du pays sera gouvernée par la liberté, la partie ouvrière et prolétaire sera gouvernée par l'arbitraire, c'est-à-dire ce serait déclarer une nation de citoyens et une nation d'esclaves ».

Telle est notre conclusion. Le retour à l'esprit corporatif n'est qu'une réaction, c'est le recul des idées. Pour écarter ce danger il faut un gouvernement énergique, capable de lutter pour la liberté contre les ligues professionnelles opposées à l'intérêt général de la classe ouvrière.

*
* *

Parmi les procédés oppressifs que préconisent ou emploient les syndicats, M. Gide — après bien d'autres — signale la mise à l'index où le « boycottage » des patrons qui ne veulent pas accepter les conditions imposées par les associations professionnelles. La Fédération du Livre *exige* que la marque syndicale soit apposée sur tous les imprimés faits par ses membres, et les autres fédérations syndicales commencent à faire de même (1).

1. Gide. *Economie sociale*, p. 96.

M. Gide pense que cette marque, la « Label », devenue obligatoire, aurait pour effet de solidariser à la fois :

Les intérêts des ouvriers, comme étant l'attestation d'un travail *loyalement* payé ;

Les intérêts des fabricants, car elle donnerait à leurs produits une marque de fabrique ayant son prix ;

Les intérêts des consommateurs surtout, car elle garantirait un *travail soigné.*

On ne défendait pas autrement les privilèges de la corporation sous l'ancien régime (1).

L'argument relatif à l'habileté présumée des ouvriers syndiqués a été maintes fois invoqué par les avocats du régime des maîtrises : « Comme il ne sera plus question de faire d'excellents ouvrages pour établir sa réputation, mais de séduire par l'apparence, les ouvrages seront courus et fouettés... « L'artisan doit être assujetti à faire preuve de capacité, parce que personne ne pouvant se passer de ses productions bonnes ou mauvaises, l'ordre de la société exige que le législateur prenne des mesures pour prévenir la fraude, la dépravation des mœurs et les malheurs qui en sont la suite (2). »

L'obligation de la « Label » syndicale, ressemble singulièrement à un règlement corporatif. De

---

1. Voir Martin Saint-Léon, *Histoire des corporations.* p. 474 et suiv. Voir Levasseur. *Histoire des classes ouvrières avant 1789.* Livre VII, chap. VIII.

2. Marat. *L'Ami du peuple,* nº XCI. Marat a été un des derniers défenseurs des corporations.

nos jours, les patrons qui refusent d'accepter les ordres de leurs ouvriers ou de subir la tyrannie syndicale, sont exposés au « sabotage » c'est-à-dire à la malfaçon systématique. Bizarre manière en vérité, de protéger les intérêts du consommateur.

*
* *

C'est précisément le consommateur que l'on oublie, et ce sont ses intérêts que l'on néglige quand on paraît considérer comme légitime et désirable l'action oppressive des syndicats. M. Gide a mille fois raison de dire à ce sujet :

« Le syndicat est une association profession-nelle et par là même ne représente qu'un intérêt particulier, accidentel. Et les syndicats auraient beau s'élargir jusqu'à embrasser tous les ouvriers de tous pays et devenir ainsi la vraie « Interna-tionale », qu'ils ne représenteraient encore qu'un intérêt corporatif, nécessairement inférieur et peut-être antagoniste à l'intérêt général. Les so-ciétés de consommation en Angleterre, se plai-gnent parfois de voir les produits qu'elles con-somment et les maisons qu'elles font bâtir pour leurs membres renchérir par les exigences des Trade-Unions.

« Les syndicats et fédérations ouvrières sont des sortes de *Trusts*. »

On ne saurait mieux dire. Le mot est juste. Certes l'action syndicale est légitime quand elle se propose notamment pour objet la hausse des salaires. Mais il ne faut pas dissimuler au public la répercussion possible, ou parfois même inévitable, de l'élévation du coût de production qui en est la conséquence. S'il fallait admettre sans réserves les théories de quelques économistes, le taux des salaires pourrait et devrait s'élever sous la seule poussée des besoins et des désirs toujours grandissants.

Quand on pousse plus loin son observation, dit M. Bureau (1), et que l'on s'efforce d'analyser la force qui maintient encore la concurrence, le taux des salaires à tel niveau plutôt qu'à tel autre plus bas, on constate que les ouvriers dont les *besoins* sont le plus développés, *quelle que soit la raison de ce développement*, rendent à leurs camarades un service signalé. »

Et plus loin, le même auteur cite avec éloges cette étrange conclusion d'un *perspicace économiste*, américain. M. Gunton (2).

« Le taux des salaires, et par suite la prospérité sociale des masses ne sont pas maintenus et poussés en avant par l'influence de ceux dont l'étalon de vie est au-dessous du maximum ou de la moyenne, mais par la pression constante des désirs non satisfaits de ceux dont l'étalon de vie est le plus haut dans leur classe.

« En d'autres termes, le progrès social et la Civilisation sont promus non pas tant par l'économie des richesses que par leur consommation.

---

1. Bureau, *Le Contrat de travail*, p. 166.
2. Gunton, *Wealth and Progress*.

Ceux qui économisent spécialement parmi les salariés, ne sont en état de le faire, toutes choses égales d'ailleurs, que parce que d'autres consomment. Si tout le monde économisait qui pourrait consommer ? »

Ces sophismes ne tendent à rien moins qu'à nous faire admettre l'existence d'une source merveilleuse et fantastique, à laquelle il serait possible de puiser pour combler les désirs et satisfaire les besoins du Nombre !

M. Bureau paraît supposer, lui aussi, que les salaires n'ont pas d'autres limites que les exigences ouvrières, soutenues et imposées par le syndicat, car il ajoute :

« Le grand moyen pour amener la hausse des salaires, et par là l'amélioration de la condition des ouvriers, consiste à développer en ceux-ci des besoins de vie saine et conforme à la dignité humaine.

« Les ouvriers (1) dont l'action bienfaisante concourt à l'amélioration du sort de leurs camarades sont donc ceux qui ont une conception plus haute des besoins de l'homme et non pas ceux qui se contentant de leur maigre salaire, se bornent à l'employer de leur mieux.

« Evidemment c'est grâce aux turbulents et aux mécontents, et non pas grâce aux dociles, que la condition des ouvriers s'améliore. »

Nous laissons, bien entendu, à l'auteur la responsabilité de ces opinions.

1. Bureau, *loc. cit.*, p. 168.

Il nous a paru utile de les combattre dans l'un des chapitres de cet ouvrage (1).

Les partisans de cette théorie admettent, sans aucun doute, la possibilité de prélever, tout d'abord, une fraction importante des profits énormes que l'employeur est accusé de réaliser. C'est là une double illusion et une double erreur. Les profits de l'employeur sont beaucoup plus modestes qu'on ne le suppose et, en outre, il n'est pas possible de les réduire, au delà d'une certaine limite — bien vite atteinte — sans faire retomber sur l'acheteur, sur le consommateur, en général, tout le poids de l'augmentation du coût de production résultant d'une hausse des salaires. Insistons sur ces deux points.

1. Voir le chapitre intitulé : La hausse des salaires et les illusions relatives à la masse des richesses produites.

L'ACTION SYNDICALE
LES INTÉRÊTS ET LES PROFITS

Le public ignore certainement l'importance réelle de ce que l'on nomme les profits patronaux, et la médiocrité de ces bénéfices par rapport aux salaires distribués. Assurément, la proportion des salaires aux profits est extrêmement variable ; elle dépend de la quantité et par suite de la valeur du travail exigé pour réaliser la transformation industrielle ou pour rendre le service productif. Nous sommes très mal renseignés sur tous ces points, parce que chacun dissimule volontiers le chiffre très considérable ou trop faible de ses bénéfices. On peut, cependant, citer quelques exemples et proposer quelques conclusions.

Voici l'industrie minière dont la comptabilité est soumise au contrôle de l'État. Prenons comme type les mines de combustibles. La statistique officielle de l'industrie minérale nous fournit des renseignements intéressants que nous consignons dans le tableau suivant :

	1894	1896	1898	1899	1900	1901	1902	1903
Salaire total distribué	millions 158	millions 165	millions 182	millions 194	millions 215	millions 228	millions 204	millions 225
Salaire moyen annuel	fr. 1.181	fr. 1.178	fr. 1.228	fr. 1.261	fr. 1.333	fr. 1.396	fr. 1.240	fr. 1.347
Revenu net de mines en gain	millions 35.9	millions 40.8	millions 52.5	millions 72.4	millions 112.5	millions 92.7	millions 63.5	millions 85.3
Déficit admis pour les mines en perte	9.8	11.0	13.1	11.9	16.9	21.1	20.2	18.0
Revenu net total	26.1	29.7	29.3	60.5	95.5	71.6	43.3	67.1
Rapport du revenu net aux salaires distribués	16 o/o	18 o/o	16 o/o	31 o/o	44 o/o	31 o/o	21 o/o	30 o/o
Relèvement o/o des salaires pour réduire à zéro le produit net	16 o/o	18 o/o	16 o/o	31 o/o	44 o/o	30 o/o	21 o/o	30 o/o

Nous apprenons immédiatement qu'à côté des mines en gain il existe des mines en perte et ces déficits sont parfois considérables bien que les ouvriers touchent toujours le même salaire.

Comparons maintenant le montant total des salaires au revenu net (1) et cherchons à savoir dans quelle proportion il faudrait relever les salaires pour absorber entièrement le revenu net. Cette proportion varie de 16 à 44 o/o, et ce dernier rapport est tout à fait exceptionnel !

Même durant une année extraordinaire, il serait donc impossible d'augmenter les salaires au delà de cette proportion !

Voici les compagnies de chemins de fer, dont le capital nominal s'élevait à 19 milliards au cours des titres le 31 décembre 1904 (2). Le revenu des actions et des obligations représente :

Actions..........	153 millions de francs.
Obligations (3)..	503 —
Total.....	656 millions de francs.

1. Le produit net indiqué officiellement est cependant supérieur au montant des intérêts et dividendes payés aux détenteurs des titres représentant les mines. Certains amortissements ne sont pas admis par les ingénieurs officiels bien qu'ils figurent dans la comptabilité des sociétés. L'impôt ou taxe proportionnelle est prélevée ainsi sur un total plus élevé que le montant des sommes distribuées aux actionnaires.

2. Etude de M. Neymarck. *Le Rentier*. n° du 9 novembre 1905.

3. Sans tenir compte de l'amortissement compté à part.

Il y a lieu de retrancher du total au moins 5 o/o à titre de prélèvement fiscal (1), et cette évaluation est au-dessous de la réalité bien certainement. Il reste 623 millions que touchent les capitalistes — si nombreux — dont les lignes de chemins de fer ont emprunté l'épargne :

Les employés sont au nombre de 3oo.ooo fort probablement (2). Répartie, sous forme de salaire additionnel, la totalité des intérêts et dividendes ne donnerait à chaque employé que 2.176 francs. Or, le capital privé ainsi de toute rémunération représente, comme nous l'avons dit, 19 milliards ! Cette immense proie abandonnée aux *seuls* salariés des compagnies ne leur permettrait pas d'ajouter 200 francs par mois à leurs revenus actuels. C'est là, cependant, une situation exceptionnellement favorable, puisque 3oo.ooo personnes auraient ainsi à se partager les revenus d'un capital représentant 19 milliards au cours de la Bourse.

On peut présenter ces faits sous un autre aspect et aboutir aux mêmes conclusions.

Le montant des traitements et salaires pour les six grandes compagnies françaises (sauf l'État bien entendu) est ainsi représenté (3) :

1. L'impôt de 4 o/o n'est pas la seule charge qui grève les revenus des valeurs mobilières — surtout pour celles au porteur, qui acquittent plus de 10 o/o (taxe de 4 o/o, timbre enregistrement).

2. Voir l'étude de M. Neymarck déjà citée. Le chiffre de 259.000 employés est le chiffre officiel, mais il y a lieu de tenir compte des salariés employés temporairement.

3. Renseignement fourni à titre personnel et puisé, croyons-nous, à des sources sûres.

Millions de francs.

Traitements des commissionnés et salaires des ouvriers...........	369,8
Primes des agents de la traction et trains.......................	15,1
Frais de déplacement...........	17,3
	402,2

Le total approximatif (voir plus haut) des intérêts et dividendes représente 623 millions.

En relevant les salaires de 154 o/o, on absorberait donc entièrement le revenu net *touché* par les obligataires et actionnaires. Fort probablement, les employés des chemins de fer n'ont jamais fait ce calcul; ils n'ont jamais supposé non plus que les autres salariés leur abandonneraient cette magnifique proie sans en réclamer une part.

Que deviendrait alors cette augmentation de salaire résultant d'une gigantesque spoliation égale au dixième de la fortune des Français ? Elle serait réduite à fort peu de chose, précisément parce que les profits des patrons ou les revenus des capitalistes sont beaucoup moins considérables qu'on ne le croit naïvement (1).

Nous aurions voulu faire quelques calculs semblables pour d'autres industries, mais les docu-

1. Avons-nous besoin de rappeler, en outre, que la spoliation dont nous parlons, ruinerait plusieurs centaines de milliers d'épargnants? Les titres de chemins de fer sont entre les mains d'une légion de petits capitalistes.

ments font défaut. C'est une lacune qu'il serait très intéressant de combler pour pouvoir dissiper bien des illusions et connaître la vérité telle qu'elle est.

***

Pour l'agriculture, on arrive à des résultats fort instructifs. Un grand cultivateur, rapporteur de ce que l'on nomme, les jurys de « Prime d'honneur », a bien voulu nous communiquer des chiffres relatifs à deux exploitations très bien conduites et situées dans le département de Seine-et-Marne.

La première a une étendue de 265 hectares. Le fermier qui l'exploite dispose d'un capital de 225.000 francs.

Les bénéfices moyens de cinq années (1898-1904) s'élèvent à 27.000 francs (1). Il s'agit donc d'une exploitation prospère.

Quant au total des gages et salaires de toutes sortes, il atteint 37.000 francs chaque année, durant la même période.

Il suffirait donc que le prix de la main-d'œuvre augmentât de 72 o/o pour que le fermier vît ses bénéfices réduits à zéro *sans même toucher l'intérêt de la fortune qu'il risque en l'employant à la culture du domaine.*

Dans une autre ferme, les mêmes calculs permettent d'arriver à ce résultat que les bénéfices et *l'intérêt* du capital seraient absorbés entiè-

---

1. Chiffre global comprenant donc l'intérêt du capital de culture engagé (225.000 francs).

rement si les salaires augmentaient de 51 o/o !

Ainsi, nous avions raison de dire plus haut que le public ne connaît guère les profits des capitalistes ou des chefs d'entreprise et que ces gains sont beaucoup plus modestes qu'on ne le suppose. Une hausse de salaires relativement faible, mais qui se trouve multipliée par un nombre considérable d'ouvriers, absorbe une très grosse part des profits. Ceux-ci disparaîtraient complètement, si la hausse de la main-d'œuvre dépassait une limite très promptement atteinte.

Dans les mines de combustibles, une augmentation de 25 francs par mois accordée, en moyenne, à tous les salariés, réduirait à zéro le produit net.

Pour les chemins de fer, on voit que les revenus d'un capital de 19 milliards seraient absorbés par une augmentation de salaire de 6 à 7 francs par jour accordée à tous les employés.

Dans les exploitations agricoles très prospères et très bien dirigées que nous avons citées comme exemples, le patron verrait disparaître *intérêts et profits*, si le salaire de son personnel était augmenté de 51 à 72 o/o.

Il est clair qu'avant de subir un pareil sort, capitalistes et chefs d'entreprise renonceraient à engager leurs fonds dans des industries de ce genre ou à consacrer leur activité à les diriger.

Longtemps auparavant, la hausse inévitable du prix des objets fabriqués ou des transports effectués, imposerait aux consommateurs un sacrifice équivalent à l'augmentation des salaires professionnels.

Le relèvement des salaires agit à la façon d'une taxe de consommation dont le paiement est imposé au producteur. Celui-ci met l'impôt sur la facture Assurément cette comparaison n'est pas rigoureusement exacte, parce que l'employeur peut arriver à perfectionner ses procédés de fabrication et à réduire les frais de main-d'œuvre par unité fabriquée, mais durant la période de transition, il est clair que le consommateur supporte partiellement les conséquences de la hausse des salaires et en acquitte les frais. Cette répercussion, cette « incidence » comme on dit en matière fiscale, est difficile à discerner ; nous ne l'avons pas observée précisément parce que les hausses de salaires ont été jusqu'ici provoquées par un développement général de richesse qui en masque les conséquences et par un accroissement de la productivité du travail ouvrier qui en annihile les effets à l'égard du prix courant des marchandises.

Mais il en serait tout autrement si les « Trusts » ouvriers comme les appelle M. Gide, c'est-à-dire les syndicats, imposaient par la violence des hausses brusques générales et considérables de salaires.

Sans doute, les profits patronaux pourraient momentanément décroître ou même disparaître, mais le consommateur ne tarderait pas à subir les conséquences de ces largesses syndicales.

Chacun des syndiqués en acquitterait le prix sous forme d'une augmentation de dépense, et les salaires réels n'auraient pas augmenté.

L'ACTION SYNDICALE
ET LES EMPLOYÉS DE L'ÉTAT

On peut toucher du doigt en quelque sorte, la répercussion des élévations de salaires imposées par les exigences syndicales. Il suffit pour cela de constater les revendications des associations professionnelles de travailleurs employés par l'Etat. Ici la pression exercée par les groupements ouvriers pour obtenir une hausse de salaire correspond à une dépense budgétaire et par conséquent à une contribution imposée à tous au profit de quelques-uns.

La légalité des syndicats d'employés de l'Etat est contestée. Admise pour les simples ouvriers, elle paraît refusée aux fonctionnaires et en particulier à ceux qui détiennent une portion de la puissance publique.

A notre avis, la loi de 1884 est ici violée dans son esprit. Cette loi vise l'étude et la défense des intérêts professionnels sans distinction, sans exception, sans réticences. Elle doit donc être appliquée à tous, aux employés de l'Etat, du département, de la commune, aussi bien qu'aux patrons et ouvriers de l'industrie ou du commerce.

Il en est tout autrement pour le droit de grève. Les services de l'Etat constituent un monopole : parfois même le privilège concédé à des sociétés comme celles des chemins de fer, donne à leur gestion le caractère d'un service public. L'action syndicale s'exerce légitimement quand elle sert à éclairer les représentants de l'Etat, du département et des communes sur la situation de leurs agents, sur les améliorations que comportent les services qu'ils assurent, sur la nécessité ou l'utilité d'une autre réglementation du travail. Le public, la nation même qui supporte les inconvénients des monopoles d'Etat et ne peut pas s'adresser à des industries privées, ne doit pas être exposée à des grèves qui suspendent la vie nationale et compromettent des intérêts généraux. Dans l'industrie, le commerce, l'agriculture, la grève n'est jamais générale ; il n'est donc pas impossible de recourir aux services de ceux qui continuent à assurer les besoins de la consommation. Les monopoles constitués par l'Etat, les privilèges qu'il concède ne permettent pas ce recours. La situation faite au public n'est donc pas la même et la grève devient un excès condamnable puisque le monopole sous toutes ses formes est une institution imposée dans le but de protéger l'intérêt général et non pas de lui nuire.

La seule solution admissible, c'est l'obligation édictée et acceptée de renoncer au droit de coalition et de grève quand il s'agit du fonctionnement d'un service constitué en monopole ou correspondant à un privilège.

L'article 1134 du Code civil trouve ici son application :

« Les conventions légalement formées tiennent lieu de loi à ceux qui les ont faites. Elles ne peuvent être révoquées que de leur consentement mutuel ou pour les causes que les lois autorisent ».

Le souci le plus élémentaire de l'intérêt public ou de la sécurité nationale doit suffire à faire insérer une clause spéciale dans tous les contrats de louage d'ouvrage intervenant entre l'Etat ou les concessionnaires d'un service privilégié et les employés ou salariés quelles que soient leurs fonctions.

Il suffit qu'un gouvernement digne de ce titre et de sa mission, fasse respecter des conventions de ce genre pour éviter le scandale des agitations stériles dont nous avons été les témoins attristés lors de la grève des arsenaux.

Ici s'arrête le droit, là doit être suspendue l'influence des associations professionnelles.

La limite de ce droit, c'est le droit même du public et le premier de tous, celui de défendre la sécurité et l'indépendance du pays.

Il convient, d'ailleurs, de montrer quel doit être l'objet véritable de l'activité des associations ouvrières. Nous allons essayer de l'indiquer.

LE VÉRITABLE OBJET
DE L'ACTION SYNDICALE

Aux yeux de ceux qui voient dans le syndicat un instrument de lutte de classe, le véritable objet de la vie et du groupement professionnels, c'est l'agitation sans trève, la réduction sans mesure de l'intérêt et des profits sous la menace de la grève, sous l'influence des conflits assurant la victoire aux revendications toujours plus onéreuses de l'ouvrier. Cette politique suppose — nous l'avons dit — une croyance naïve, une erreur funeste : croyance et erreur se rapportant à l'existence des immenses richesses possédées déjà par des capitalistes ou produites chaque jour au profit des patrons qui les accaparent.

Pour nous, l'action syndicale doit être toute différente. Elle doit se borner à exiger des employeurs toutes les améliorations des contrats de travail, toutes les hausses de salaire qui sont compatibles avec le *maintien de l'intérêt des capitaux et la permanence des profits*. Cette pression légitime doit avoir pour résultats la recherche ininterrompue des procédés qui permettent d'accroître la productivité du travail et le développement continu de la richesse. La richesse est produite par l'action simultanée des capitaux et du travail manuel et intellectuel. Le capital ne peut être accru que par l'épargne et celle-ci devient impossible le jour où le travail manuel absorbe la totalité ou une part trop forte des richesses produites que le salaire consomme immédiatement puisqu'il ne saurait leur trouver désormais un emploi productif d'intérêt ou de profit.

Ces débats, ces luttes, ces compétitions entre employeurs et employés, isolés ou groupés, ne sauraient être supprimés ou même seulement réglés par des textes, par des lois, par les injonctions despotiques d'un syndicat ou d'un parlement. C'est la liberté seule qui leur a donné jusqu'ici des solutions momentanées, résultantes économiques et sociales de toutes les forces en jeu et de toutes les puissances opposées l'une à l'autre.

L'action syndicale est une de ces forces et une de ces puissances ; elle ne saurait sans danger faire disparaître les autres et imposer despotiquement les solutions extrêmes qu'elle prétend révéler comme des dogmes.

A ces chimères il faut opposer des solutions plus modérées et plus sages que le bon sens puisse avouer, que la pratique puisse réaliser.

Nous trouvons dans nos notes quelques lignes qui expriment, à cet égard, toute notre pensée :

« Cessons donc de chercher l'introuvable :

Cessons d'agiter ces idées vides devant les yeux et aux oreilles des masses. Ces idées ne sont si sonores que parce qu'il n'y a rien dedans, si ce n'est du vent et des tempêtes. Elles crèveront dans toutes les mains qui voudront les presser. Ne donnez pas aux ouvriers ces espérances d'organisation forcée du travail qui les trompent et qui leur font trouver plus cruelles les réalités contre lesquelles ils luttent, par le contraste avec les chimères que vous faites resplendir devant eux. Ne faites pas semblant d'avoir un secret, quand vous n'avez qu'un problème ; ne donnez pas la soif, quand vous n'avez pas l'eau ; ne donnez pas la faim quand vous n'avez pas l'aliment ! Il n'y a rien de plus dangereux que de passionner le peuple pour l'impossible. Respectez les passions du peuple. Ne les allumez pas en vain, car lorsqu'elles brûlent on ne les éteint pas avec un peu de cendre, on ne les éteint que dans des flots de sang et sous les décombres d'une société. »

TROISIÈME PARTIE

LA RÉGLEMENTATION
ET L'INTERVENTION DE L'ETAT
A PROPOS DU CONTRAT DE TRAVAIL

L'intervention de l'Etat au moment de la formation des contrats n'est point une chose nouvelle. Il serait cependant fort exagéré de soutenir que le socialisme d'Etat a inspiré les rédacteurs du Code civil.

A cet égard, on peut dire que les exemples et les preuves abondent.

Le législateur défend ; il ordonne, il supplée surtout à l'absence d'une clause ou d'une condition, il la suppose sous-entendue et c'est même là une des manifestations les plus fréquentes de l'esprit de protection et des intentions équitables du législateur.

Nous disons que le législateur défend : c'est le cas de la vente de la succession d'une personne vivante (art. 1600 du C. c.), de la renonciation par avance à la prescription (art. 2220 C. c.), etc., etc.

La loi ordonne ; elle impose des formalités spéciales sous peine de nullité pour les contrats solennels, la preuve par écrit pour toutes choses ou valeurs de 150 francs, etc., etc.

Enfin, comme nous l'avons dit, la loi supplée à l'absence d'une clause, d'une condition : La clause résolutoire est sous-entendue dans tous les contrats synallagmatique pour les cas où l'une des deux parties ne satisfera pas à son engagement. Un contrat spécial intervient et est présumé existant entre deux époux pour régler leur régime matrimonial au point de vue financier quand ils n'ont pas fait de contrat de mariage. Les quasi-contrats interviennent par la volonté du législateur et en l'absence de toute convention spéciale.

Certes, nous ne voudrions pas nous laisser entraîner à commenter ainsi nos textes, retenons seulement ces indications sommaires et constatons les interventions du législateur dans le domaine des conventions spéciales ou générales, des contrats innomés en des contrats types tels que le louage ou la vente.

Il est, cependant, indispensable de remarquer que la liberté des conventions, la capacité de contracter librement sont des règles souffrant, en somme, fort peu d'exceptions: *Liberté, responsabilité*, semblent deux principes posés, maintenus et défendus par le Code civil. On peut compter les cas dans lesquels le législateur défend ou ordonne,

Le texte pose des règles, trace des devoirs, des obligations, en réservant toujours aux parties la faculté de poser d'autres règles, d'imposer d'autres obligations. L'esprit qui préside à toute cette rédaction est clairement indiqué dans l'article 1134 :

« Les conventions légalement formées (restrictions visant des exceptions) tiennent lieu de loi à ceux qui les ont faites.

« Elles ne peuvent être révoquées que de leur consentement mutuel, ou pour les causes que la loi autorise (clauses ou conditions sous-entendues).

« Elles doivent être exécutées de bonne foi.

Art. 1135. « Les conventions obligent non seulement à ce qui y est exprimé, mais encore à toutes les suites que *l'équité, l'usage* ou la loi donnent à l'obligation d'après sa nature. »

L'intervention de l'État à l'origine de contrats, au moment de leur formation, est donc, en somme, très discrète. Les stipulations introduites par les textes remplacent simplement celles que les parties contractantes ont négligé d'inscrire elles-mêmes dans leurs conventions, et très souvent la loi se contente de donner une force spéciale aux usages.

Il était donc fort naturel que les rédacteurs du Code fissent l'application de ces principes au contrat de travail. A ce propos, les circonstances, les traditions, les coutumes, les usages, varient à l'infini. Le Code se borne à indiquer un principe, à édicter une prohibition. « On ne peut engager ses services *qu'à temps* ou pour *une entreprise déterminée* ».

Cela veut-il dire que le législateur ignore volontairement le contrat de travail et livre l'employé à l'arbitraire de l'employeur ? Quelle étrange affirmation ! Le Code ne se propose-t-il pas de protéger, par exemple, les gens de service en décidant que leurs créances seront privilégiées (art. 2101 et 2102 du C. c.)

Est-ce que la théorie générale des contrats ne s'applique pas tout entière au louage d'ouvrage comme aux autres contrats !

Sous prétexte de protéger l'ouvrier le Code devait-il s'immiscer dans le contrat de travail, prévoir toutes les circonstances, imposer des règles et déclarer que toute convention contraire serait nulle et de nul effet ? Pourquoi faire au Code ce reproche d'ignorer l'ouvrier alors qu'il ne s'inquiète pas davantage des autres employés et salariés *qui ne sont pas des travailleurs manuels ?* Le Code, à propos du louage de choses, ne trace que des règles générales ou celles qui s'appliquent au bail à ferme. Accusera-t-on le législateur d'avoir « ignoré » le métayer ou d'avoir refusé de le protéger ?

Le Code civil ne pose aucun principe spécial relatif à un commerce immense, celui des produits agricoles et notamment des animaux domestiques.

Faut-il voir là une preuve de l'ignorance du législateur ou de sa négligence parce qu'il refuse

ainsi de protéger le campagnard contre les embû-
ches des commerçants ou des maquignons?

Est-ce que la théorie générale des contrats et
plus spécialement celle des vices cachés de la
chose vendue ne s'appliquaient pas logiquement
aux ventes et échanges d'animaux domestiques
avant le vote des lois de 1838 et de 1884 sur les
vices rédhibitoires ?

Le législateur du Code a refusé d'appliquer des
principes spéciaux aux contrats de gage concer-
nant, par exemple, les produits agricoles. Pendant quatre-vingt-quatorze ans, le propriétaire
et le fermier ont été obligés de déplacer les objets donnés en gage et ce n'est qu'en 1898 qu'on a
autorisé la constitution du gage sans déplacement. Le Code a pourtant si peu nui aux intérêts
de l'agriculture en lui refusant une *faveur* spéciale, que la loi sur les warrants agricoles reste
encore presque inappliquée et qu'on la remanie
pour tenter de la rendre d'un usage plus fréquent !

Chose bien remarquable, on reproche au Code
de ne pas être *favorable* aux salariés parce qu'il
ne les favorise pas !

Dans son livre sur l'*Evolution historique du
droit civil français*, M. Edmond Picard dit en
propres termes : « C'est le Code du capital et non
celui du travail ; c'est l'organisation du patri-
moine capitaliste et la prépondérance sociale,
matérielle et morale donnée au riche. » (1).

C'est le principe de la liberté des conventions

1. Ed. Picard, *loc. cit.*, p. 92.

que l'auteur combat ici ouvertement. Un professeur de droit, M. Tissier (1), conclut dans le même sens et n'hésite pas à dire :

« Si le Code civil, même apprécié au point de vue des seuls principes du pur individualisme, n'est pas une législation absolument égalitaire, à plus forte raison ne peut-il être considéré comme ayant un caractère démocratique par tous ceux, si nombreux aujourd'hui, qui reconnaissent à l'Etat, et par suite à la législation, un rôle d'intervention et de protection en faveur de toutes es personnes que leur état de faiblesse empêche d'exercer les droits à elle reconnus...

« Il s'agit aussi de prévoir les nombreux contrats dans lesquels une des parties n'est pas en état de débattre librement les conditions qui lui sont faites et est contrainte, si elle est livrée à ses seules forces, de subir ces conditions si injustes qu'elles puissent être.

Et l'auteur complète sa pensée en citant ces lignes d'un sociologue italien, Vivante (2) : « La libre concurrence, qui est la liberté appliquée à la lutte économique, en excitant toutes les énergies aurait dû produire, selon la doctrine des harmonies économiques, une *richesse suffisante pour rendre heureuse* toute la collectivité. Mais l'effet de la libre concurrence fut tout opposé. Son idéal était le bien-être pour tous ; *son résultat fut la suppression de toute garantie pour les faibles.* »

1. *Le Code civil et les classes ouvrières.*
2. Discours à la séance de rentrée de l'Université de Rome.

Voilà donc, selon ces auteurs, quelles sont les conséquences de la liberté des conventions proclamée et défendue par le Code civil ! Est-il permis d'oublier que les salaires et la condition matérielle de l'ouvrier se sont graduellement élevés depuis un siècle ? Faut-il admettre, avec ces jurisconsultes, que l'État est capable de décréter le bien-être pour tous, de multiplier la richesse et d'en fixer la répartition ?

« Parfois (1), à l'idée de justice, doivent s'ajouter des sentiments d'humanité et de pitié ; M. Boutroux a fait très justement observer tout récemment à l'Académie des Sciences morales, dans la discussion sur la portée et l'exactitude des doctrines nouvelles du quasi-contrat et de la solidarité, qu'il n'était pas philosophique de vouloir que les lois se fondent exclusivement sur des idées et ne relèvent jamais des *sentiments* ! »

Bien loin de partager ces opinions, nous pensons qu'on ne saurait protester contre elles avec trop de vigueur.

Les partisans de l'intervention de l'État dans le domaine économique n'ont pas le monopole des pensées généreuses, et de cette justice du cœur qu'on a baptisé, depuis peu, du nom de solidarité. Il ne s'agit pas de savoir si l'on doit donner à tous la fortune, l'indépendance et le bonheur, il s'agit de savoir si cette merveilleuse révolution sociale peut être réalisée, et s'il suffit de voter quelques lois, de remanier, au besoin, le Code civil tout

1. Tisser, professeur de droit à la Faculté de Dijon, *loc. cit.*

entier, pour que l'humanité dispose des richesses capables de satisfaire ses désirs. Le plus élémentaire bon sens nous commande de croire qu'il faut augmenter la masse des biens pour pouvoir augmenter les parts individuelles.

L'observation et l'expérience nous prouvent que cette masse est encore aujourd'hui trop faible — on serait tenté de dire même trop misérable — pour supprimer la pauvreté et faire disparaître la misère.

L'intervention de la loi doit précisément avoir pour objet de favoriser la production et de conserver intactes les énergies capables de la développer.

Telle est, selon nous, la formule générale qui embrasse tous les cas particuliers de l'intervention légale parce qu'elle en montre le but en même temps qu'elle en trace les limites.

Les mots de solidarité, de protection des faibles, de justice sociale ne sont que des expressions déclamatoires et vides de sens, ou bien ils signifient qu'au moment de la formation des contrats de travail, l'ouvrier *doit pouvoir imposer* au capitaliste et à l'entrepreneur des conditions qui rendent son labeur plus lucratif parce que la part de l'intérêt et du profit sera réduite.

Or, tant que le mode actuel de production n'aura pas été transformé radicalement, l'épargne du capitaliste, l'activité et les connaissances de l'entrepreneur devront être rémunérées au moyen d'un prélèvement opéré sur la masse des valeurs créées ou des richesses produites. La réduction de l'intérêt et la diminution des profits ne peuvent pas résulter d'un texte, mais du jeu des lois économiques, de l'offre et de la demande, de la *productivité* des entreprises vivifiées par le capital, dirigées par le patron. Réduire législativement l'intérêt c'est rendre l'épargne impossible parce qu'elle deviendrait presque stérile ; réduire le profit par la contrainte en favorisant *par la force* l'élévation du salaire, c'est briser toutes les initiatives, limiter le domaine de toutes les entreprises nouvelles *dont l'utilité sociale est le plus souvent marquée par des bénéfices plus larges ;* c'est paralyser toutes les activités libres qui s'emploient chaque jour à améliorer, à créer, à découvrir, pour produire plus ou à moins de frais, en vue d'un profit personnel, légitime récompense d'un service rendu à tous et *que la concurrence tend bientôt à rendre gratuit.*

Ainsi comprise et appliquée, employée au profit exclusif d'une classe, l'action de l'État, et l'action syndicale, vont à l'encontre du but qu'elles se proposent. En limitant l'épargne rendue stérile, elles limitent la production de la richesse et l'élévation de la condition du Nombre. En limitant ou en abolissant le profit elles font rétrograder la civilisation parce qu'elles brisent le ressort des énergies toujours tendues aujourd'hui et se proposant d'agir pour mériter la fortune attachée à l'accomplissement d'une tâche utile.

L'établissement presque impossible et trop souvent injuste d'un minimum de salaire, la réduction inconsidérée et obligatoire de la durée du travail, les prélèvements exagérés sur les profits industriels pour la constitution des retraites, l'accroissement ininterrompu des charges fiscales grevant la richesse acquise, le revenu du capital, ou les profits patronaux, peuvent être rangés dans la catégorie des mesures d'intervention que nous jugeons néfastes, parce qu'elles nuiraient en fin de compte aux salariés eux-mêmes.

Avons-nous besoin, en outre, de répéter que le consommateur, et par suite la classe ouvrière, seraient les victimes toutes désignées de ce socialisme d'État? Si l'on parvenait à élever législativement les salaires, à décréter l'établissement d'une « juste » rémunération, et à introduire le « sentiment » dans l'application des lois économiques relatives au coût de production, on se demande, en vérité, quelles pourraient être les prétentions des classes ouvrières et les limites de leurs exigences. Nous ne pouvons donc même pas prévoir quelle serait la répercussion de ces exigences sur le prix des marchandises et sur les sacrifices imposés à tous les acheteurs, c'est-à-dire aux salariés comme aux autres citoyens.

De toutes façons, l'intervention de l'État n'aurait ni pour objet, ni pour conséquence de favoriser la production.

La loi, cependant, peut et doit intervenir à propos du contrat de travail, lorsqu'il s'agit de conserver ou de développer les énergies capables d'augmenter la production. L'assistance, pour les plus pauvres, pour les malades ; la protection à l'égard des enfants, des femmes, des mères, des adultes même, ne nous paraissent nullement interdites au nom du principe de la liberté des conventions, pas plus que l'expropriation n'est condamnée au nom du respect que l'on doit à la propriété privée. Mais nous nous trouvons précisément en présence d'une œuvre déjà accomplie, d'une tâche susceptible d'être poursuivie chaque année avec plus d'expérience et de sagesse et non plus en présence du texte d'un Code qui avait pour simple objet de consacrer les deux principales conquêtes de la Révolution : l'affranchissement de la propriété dégagée des liens de la féodalité et l'émancipation de l'individu délivré de la tyrannie des corporations.

Pour les ouvriers comme pour les autres citoyens on a supprimé en 1867 la contrainte par corps, après avoir, en fait, presque supprimé le livret (1). On a défendu (loi du 27 décembre 1890) le salarié contre les conséquences d'un congé ou renvoi précipité et injuste ; on a supprimé l'article 1781 du Code civil qui donnait à l'employeur une supériorité légale en décidant qu'il serait cru sur sa simple affirmation pour le paiement des gages et salaires ; on a établi des privilèges en matières de paiement de travaux pour les ouvriers et les employés (lois des 25 juillet 1891 et 6 février 1895); on a fait jouer en leur faveur la prescription lorsqu'il s'agit d'une faillite ou d'une liquidation judiciaire (art. 549 du C. de comm.).

Faut-il encore parler des lois sur l'apprentis-

____

1. Loi du 22 juin 1854, et plus tard, loi du 2 juillet 1890.

sage (1), sur la limitation des heures de travail (2), sur l'hygiène des ateliers (3), sur la responsabilité du patron en matière d'accidents (4), sur les sociétés de secours mutuels (5), sur l'assistance médicale gratuite (6) et sur l'invalidité (7). La loi sur les syndicats professionnels complétant le texte de 1864 sur le droit de coalition a doublé la puissance de résistance ou d'attaque des ouvriers tandis que la concentration des capitaux rendait de plus en plus onéreuses aux patrons les cessations de travail et l'improductivité prolongée de l'outillage industriel.

À quoi doit tendre ce que l'on nomme la Législation sociale, si ce n'est à conserver des vies, à défendre des travailleurs contre la maladie, le surmenage, et à protéger des forces utiles pour les faire servir au développement ininterrompu de la richesse ? Dans un livre récemment publié (8), M. Charles Benoist parle, lui aussi, comme en 1848, de l' « organisation du Travail ». « Nos souffrances, dit-il, viennent de ce que la dou-

---

1. Loi du 22 février 1851 et, auparavant, loi de germinal an XI.

2. Décret-loi des 9-14 septembre 1848 ; lois des 29 novembre 1892 et 30 mars 1900, et loi du 29 décembre 1900.

3. Loi du 12 juin 1893 et 11 juillet 1903.

4. Loi du 9 avril 1898.

5. Loi du 1er avril 1898 précédée du décret-loi organique du 26 mars 1852.

6. Loi du 15 juillet 1893.

7. Loi de 1905 (15 juillet).

8. *La crise de l'État moderne*. « L'organisation du travail dans la grande industrie », t. I, 1905, chez Plon,

ble révolution politique et économique commencée en 1789 n'est point achevée. La loi du Nombre s'impose désormais à l'Etat ; il faut qu'il s'organise en vue d'elle. Et, si cette vérité est générale, comment ne dominerait-elle pas le phénomène social *le plus important, celui qui est de tous les jours, et d'ailleurs le plus vital : le Travail?* c'est donc vers une organisation du travail, inspirée, dominée par la loi du Nombre que nécessairement nous nous acheminons... »

Quelle que soit notre sympathie personnelle pour l'auteur, il nous est impossible d'accepter sans réserves ses conclusions. Certes, personne n'a jamais songé à nier l'utilité du travail et la noblesse d'une vie qui est consacrée au labeur. Le travail est un phénomène social « important » et « vital », mais il n'est ni *le plus* important ni *le plus* vital, parce que l'auteur parle ici exclusivement du travail de l'ouvrier. La fonction sociale du capitaliste, celle du chef d'entreprise ne sont ni moins importantes ni moins vitales.

La législation sociale et l'intervention de l'Etat ne doivent donc jamais sacrifier les intérêts légitimes du capitaliste ou de l'entrepreneur au profit exclusif du travailleur manuel sous peine de provoquer un arrêt brusque dans le développement de l'épargne que le capitaliste réalise et qu'il confie au chef d'exploitation chargé de la vivifier, de la *conserver* et de l'accroître par un usage productif et lucratif.

On l'a dit très justement il y a soixante ans : « Entre le capital et le travail, c'est-à-dire entre le propriétaire de terre ou d'argent, s'interpose une classe que l'on appelle les manufacturiers ou commerçants ; ils sont au travail industriel ce que les fermiers sont à la terre. Ils fournissent les instruments, les outils du travail, les ateliers, le salaire quotidien aux ouvriers ; ils fournissent l'intérêt du capital. Sans cette classe intermédiaire, le capital paresseux de sa nature, et le prolétaire mourant de faim, ne se rencontrant pas dépériraient chacun de leur côté ; l'acheteur et le vendeur, le consommateur et le producteur resteraient inconnus l'un à l'autre, ou produiraient et consommeraient beaucoup moins. Ils sont les agents du travail ; ils sont aux capitaux et aux travailleurs ce que les mains sont au corps. Elles les servent ; et en s'étendant elles les rapprochent. »

La législation sociale doit s'inspirer de cette intelligence du rôle de l'entrepreneur et ne pas lui imposer des sacrifices, excessifs en faveur du Nombre.

M. Benoist dit avec raison qu'on ne « doit rien faire en dehors du juste ni rien tenter au delà du possible » (1).

Nous pensons que cette mesure dans l'action de l'État ou des syndicats est précisément marquée par le souci exclusif de conserver des forces et de faire servir à cet objet toutes les lois d'hygiène sociale, de prévoyance, d'assistance mutuelle, de protection à l'égard de l'enfant, de

1. *Loc. cit.*, p. 147.

la femme ou de l'adulte, *sans viser plus haut,
sans prétendre opérer une répartition nouvelle
de la richesse, en réduisant systématiquement la
part du capitaliste et de l'entrepreneur.*

La réduction des heures de travail imposée par
la loi peut devenir notamment une cause d'appauvrissement et non de relèvement de la condition des classes ouvrières. Le salarié exige une rémunération égale lorsque la durée du labeur quotidien décroît. Ce sont ses loisirs qui augmentent ; ce n'est pas sa condition matérielle qui s'élève. Et, d'autre part, si les sacrifices imposés de ce chef à l'entrepreneur ne peuvent être compensés par une plus grande intensité du travail, si les progrès de l'outillage mécanique ne peuvent suppléer à la réduction de l'effort humain, il est clair que la production décroît.

Les capitaux privés de leur rémunération légitime sont gaspillés et stérilisés, ils se portent ailleurs, ou bien la hausse, nécessaire du prix des objets fabriqués fait acquitter à l'ensemble des consommateurs les frais d'une protection légale qui a dépassé le but : la conservation des forces ayant pour objet la conquête de la richesse.

LA RÉGLEMENTATION ET LA DOCTRINE DE L'ÉTAT-PROVIDENCE

Les partisans de l'action de l'État par la tutelle des citoyens et l'ingérence du législateur dans les contrats de travail, sont à la fois des hommes de sentiment et des doctrinaires : des hommes de sentiment s'irritant de l'inégalité sociale et de l'impuissance du « pouvoir » qui lutte pour la réduire ; des doctrinaires imbus des principes relatifs à la toute-puissance du « prince » et à la plasticité de la matière sociale.

Aujourd'hui, le pouvoir, le « Prince » c'est le « Nombre ». Le Nombre commande impérieusement ; il faut, paraît-il, subir ses exigences si déraisonnables qu'elles soient, et obéir à ses ordres. « *Sic volo, sic jubeo, sit pro ratione voluntas* » !

Dernièrement, au cours des débats parlementaires relatifs aux retraites ouvrières, M. Charles Benoist résumait les arguments de sentiment des impatients en s'écriant : « Si pourtant l'économie politique orthodoxe à l'impassibilité transcendentale avait fait faillite, comme on l'a prétendu irrévérencieusement, si le patronage volontaire suivant les règles de Le Play apparaissait insuffisant ; si la charité elle-même confessait ne pas suffire ; s'il était acquis que la coopération, que la mutualité, tout en tenant leurs promesses, ne réussissent pas à remplir tout leur objet, ne pourront faire *tout ce qu'on voudrait en attendre* ; s'il était établi que l'association et la commune sont, ou inefficaces ou trop peu efficaces, dans ce cas, il faudrait de toute nécessité et en toute justice que quelqu'un intervînt ; et ce quelqu'un ne saurait être autre que la personne morale et perpétuelle de la nation : l'État ! »

L'impuissance de l'économie politique orthodoxe, c'est-à-dire de la liberté des contrats, l'insuffisance de la coopération, de la mutualité, sont toutes relatives. M. Ch. Benoist ne conteste même pas les progrès réalisés et l'élévation de la condition du Nombre (1). Mais l'orateur repousse les solutions qui supposent la collaboration du temps et il cède aux injonctions de la foule qui s'écrie : « tout de suite » !

Chose étrange et inquiétante, les esprits qui acceptent l'intervention de l'État comme une nécessité *politique* paraissent se désintéresser des possibilités, des répercussions économiques et de l'incidence des charges imposées — en apparence — à la classe patronale. C'est l'erreur des jurisconsultes pour lesquels la solution des questions sociales résulte d'une revision des textes de nos Codes. Voici comment s'exprime, à cet égard,

---

1. Voir plus haut les citations empruntées à son Rapport dans notre chapitre sur les « Illusions relatives à la richesse produite ».

M. E. Pilon dans son travail sur la *Réforme du Code civil* :

« Mais si l'Etat moderne, en France, ne fait encore que menacer l'industrie privée et les entreprises directes, en revanche, il a déjà *frappé* d'une façon *efficace* (?) cette industrie privée d'une façon indirecte. Il est intervenu à maintes reprises pour protéger l'*ouvrier contre* le *patron*, le *salarié* contre le propriétaire. Et c'est là, à l'heure actuelle, le symptôme le plus décisif peut-être du développement de la puissance collective à l'encontre de la propriété individuelle...

« Or, tout ce mouvement législatif auquel il faudra ajouter peut-être bientôt les lois sur l'assurance obligatoire contre la maladie, l'invalidité et la vieillesse, est une manifestation non équivoque des *conquêtes* réalisées chaque jour par les *classes ouvrières* par rapport aux groupes patronaux... »

« Et d'autre part, on cherche à substituer, dans l'interprétation des conventions, à l'ancienne « théorie de la volonté », la théorie de la déclaration tion de volonté », qui consiste à « rechercher le sens d'une convention *non d'après l'intention probable des parties, mais d'après l'utilité sociale* » (!)

Les faits doivent s'incliner devant les lois ; la production des richesses doit se développer miraculeusement pour donner satisfaction à ceux qui rêvent une répartition capable de satisfaire le Nombre et « l'utilité sociale » *telle que la concevront* des magistrats étrangers aux nécessités de la vie industrielle, servira à interpréter les conventions !

Nous comprenons que ces jurisconsultes concluent à la revision générale du Code civil car ils sont évidemment hostiles et à sa lettre et à son esprit.

Cette autorité souveraine de la loi imposée par le Nombre, c'est en réalité une doctrine politique vieille de plus d'un siècle, c'est celle du « Contrat Social » ! Le souverain c'est tout le monde et le souverain est absolu ; voilà l'idée maîtresse de Rousseau et des socialistes d'Etat.

« Les Français, dit Tocqueville (1), avaient admis comme idéal d'une société un peuple sans autre aristocratie que celle des fonctionnaires publics, une administration unique et toute-puissante, directrice de l'Etat, *tutrice des particuliers*.

« En voulant être libres, ils n'entendirent point se départir de cette notion première. »

Les Français de 1907 n'ont pas, le plus souvent, une autre conception de la société. L'administration docile exécutrice des lois dictées par la foule doit tout faire et tout pouvoir.

Les citoyens isolés ou groupés ne cherchent pas à agir, lentement peut-être, mais sûrement et librement, par la coopération ou la mutualité, par la liberté des conventions discutées.

C'est la loi qu'ils invoquent, c'est son action

1. *L'ancien régime et la Révolution*, p. 246.

immédiate et soi-disant souveraine qu'ils récla-
ment.

Ils n'aboutiront en fait qu'à l'accroissement
des charges fiscales résultant des largesses faites
aux dépens du contribuable, à l'augmentation
des sacrifices imposés au consommateur par l'inévitable incidence des charges patronales, et au
succès plus rapide, à la montée plus menaçante
des idées collectivistes.

Toute illusion à cet égard n'est qu'un aveu d'i-
gnorance. Voici comment M. Jaurès explique lui-
même avec quelque clarté la pensée des adversaires de la propriété individuelle :

« Dans la période qui précédera et préparera
l'entière socialisation de la propriété, le prolétariat sera obligé de recourir à la loi pour se donner, dans la société capitaliste elle-même, des
abris où il puisse refaire sa force. Il ne se lais-
sera point gérer par les sophismes de l'économie dite libérale, qui, sous prétexte de respecter le jeu des énergies individuelles, abandonne
les salariés à tous les hasards et à toutes les servitudes. Mais, en même temps, il ne sera point
ligoté par des institutions d'Etat. Dans le
maniement des services sociaux créés par lui et
pour lui, il fera acte de volonté ; il s'habituera au
gouvernement de lui-même et des grands intérêts ; il élargira sans cesse, par sa libre et vivante action, les institutions d'assurance et de
solidarité, les poussant peu à peu jusqu'à cette
limite où la propriété elle-même commence à
tomber sous la discipline du travail. Si la loi des

retraites ouvrières prend ce caractère, comme il est permis maintenant de l'espérer, elle propagera dans tout notre système social un esprit de liberté, et la puissance de mouvement de la classe ouvrière en sera remarquablement accrue. »

LE COLLECTIVISME ET LE CONTRAT
DE TRAVAIL

Le socialisme d'Etat se propose d'élever la condition sociale du Nombre par l'intervention de la loi, c'est-à-dire par la contrainte. Il respecte la propriété privée et conserve le salariat (1).

Aux yeux des collectivistes, c'est là une solution bâtarde et insuffisante : C'est éluder le problème au lieu de le résoudre.

Les socialistes d'Etat se proposent de substituer graduellement et partiellement au salariat le régime de l'association de production et de la coopération.

Les collectivistes répondent :

« Il ne saurait être question d'une transformation sociale partielle, restreinte à quelques catégories de producteurs, mais d'une transformation étendue, générale, qui résulterait de la volonté souveraine du prolétariat tout entier et qui s'appliquerait par conséquent au prolétariat tout entier. On ne propose pas évidemment comme

1. Les hommes de la révolution ont toujours défendu le droit de propriété et maintenu le régime du salaire. Voir : *Le Socialisme et la Révolution française*, par A. Lichtenberger Paris, 1899. Alcan.

idéal à la classe ouvrière d'émanciper seulement quelques groupes d'ouvriers privilégiés. La liberté de ceux-là ne ferait qu'aggraver pour les autres le poids des chaines du salariat.

« C'est donc bien la classe des salariés tout entière qu'il s'agit d'affranchir. C'est tout le régime du salariat qu'il faut détruire et remplacer par un régime d'association universelle. Mais si tous les salariés d'hier deviennent des associés, c'est le collectivisme. Car ce n'est pas une association illusoire et menteuse que l'on peut instituer. Remettre aux ouvriers de la mine ou de l'usine quelques parcelles du capital et réserver la majorité des actions aux capitalistes, ce ne serait pas détruire le salariat, ce serait à peine le masquer.

« Il n'y a vraiment association que là où il y a égalité. Pour que les ouvriers soient, non plus des salariés, mais des associés, il faut que tous les associés aient un droit égal de copropriété à l'entreprise. Il faut qu'ils participent avec un droit égal à sa direction, à son administration, et qu'ils soient tous admis avec un droit égal à déterminer les règles selon lesquelles se fera entre les travailleurs la répartition des produits et des fonctions... Or, il n'y a que la propriété sociale qui puisse assurer à tous les citoyens, devenus des associés, cette égalité de droits (1). »

1. C'est à ce résultat qu'aboutit la politique syndicale mal comprise. Voir notre chapitre. « L'action Syndicale et ses résultats », page 243 : L'esprit corporatif.

La doctrine ainsi exposée est la meilleure réfutation du socialisme d'État parce qu'elle en montre les conséquences logiques. Socialisme d'État ou collectivisme procèdent de la même idée : la contrainte, les droits illimités du « Prince » courbant les volontés, faisant le bonheur de « ses peuples », et regardant les hommes épris de liberté comme des rebelles. En allant au fond des choses, les associations de production ne peuvent être organisées qu'avec l'aide de l'État qui leur fournit des capitaux et décourage la concurrence capitaliste par l'élévation des salaires, par des prélèvements progressifs sur le revenu ou le capital, restitutions déclarées légitimes parce que l'intérêt et le profit sont le résultat d'un monopole de fait ou de droit institué au profit d'une classe : celle des riches.

Plus audacieux, plus absolus dans leur doctrine, plus logiques, croyons-nous, dans leurs déductions et leurs conclusions, les collectivistes exercent précisément sur les esprits l'influence et la séduction que comportent les idées simples et les systèmes qui écartent les solutions complexes,

En dépit qu'on en ait, il faut choisir entre la doctrine de la liberté du contrat de travail, *complétée par la liberté d'Association*, et le système collectiviste. Tôt ou tard, les socialistes d'État seront forcés de renoncer à des chimères ou de subir les exigences d'un parti qui se propose comme objet l'appropriation collective des moyens de production et l'abolition du salariat.

La doctrine même des collectivistes et son postulat, le travail non-payé, ont été exposés aussi bien que réfutés.

Nous ne songeons pas à reprendre cette démonstration à l'aide du raisonnement ou de l'étude des faits (1).

Pour rester fidèle au plan que nous nous sommes tracé et aux principes qui nous guident, il nous suffira d'insister sur deux points.

1. Voir : *Le Collectivisme*, par P. Leroy-Beaulieu, *Le Traité d'économie politique* du même auteur, *Les systèmes socialistes*, par Bourguin, et le livre récent de M. E. d'Eichtal : *La formation des richesses*, p. 407 (3e partie, liv. III).

Ce n'est pas seulement la répartition des biens
que le collectivisme prétend modifier en « sociali-
sant » les capitaux et en abolissant le salariat tel
qu'il fonctionne aujourd'hui.

Les chefs, ou du moins les apôtres et les pro-
phètes du socialisme révolutionnaire, prétendent
également développer la production, accroître
la masse des richesses distribuables.

« Pouvons-nous, dit l'un d'eux (1), espérer le
développement de la production, le progrès technique de l'industrie, l'accroissement de la richesse ? La question importe au plus haut degré
au socialisme. Avant tout l'humanité veut vivre
et d'une vie toujours plus large qui accroisse et
apaise le désir (2). Je crois bien que si plus de
justice devait entraîner moins de richesse, que
l'humanité renoncerait à un idéal de droit trop
onéreux. Ce droit même, s'il était stérilisant et
appauvrissant, cesserait d'être le droit. Si un
homme ne peut réclamer sa juste part qu'en réduisant le total des biens à répartir, si en entrant
dans la maison commune, il la rétrécit, sa récla-

1. Jaurès. *Organisation socialiste*, 1895.
2. Ce qui nous paraît, cependant, contradictoire dans les
termes et dans la pensée.

mation est si égoïste qu'elle cesse par là même d'être équitable.

« De même pour une classe d'hommes. Si le prolétariat devait dépouiller l'humanité pour se vêtir, sa revendication serait condamnée d'avance... Nous avons la prétention d'accroître tout à la fois la justice dans la répartition et la somme des biens à répartir. »

Comment le collectivisme peut-il élever la condition matérielle du Nombre ? — En opérant une répartition plus équitable. Il prétend donner tout d'abord à l'ouvrier des ressources qui lui permettent d'accroître sa force. A qui demanderait-on ces ressources dont l'emploi accroîtrait la production ? — Voici la réponse :

« Une certitude domine tout : les ressources que la classe privilégiée, depuis la haute bourgeoisie capitaliste jusqu'à la bourgeoisie moyenne, affecte à son entretien, à sa dépense proprement dite, pourraient être largement diminuées sans que son énergie vitale fût atteinte. Au contraire, un supplément *équivalent* de ressources permettrait à *l'immense foule* des salariés d'accroître sa force. »

C'est une erreur, une première erreur et la plus grave parce qu'elle paraît justifier toutes les revendications et toutes les violences.

Ce n'est pas en réduisant seulement le bien-être ou le *superflu* des privilégiés, qu'on peut ajouter quelque chose à la part de *l'immense foule des salariés.*

Combien sont-ils ces privilégiés en présence de

« l'immense foule » des déshérités ? — On en compte quelques centaines de mille et le nombre des salariés dépasse *sept millions*. Ne dites pas que nous exagérons et que les « privilégiés » sont légion car s'ils constituent une majorité, que signifie, dès lors, le mot de privilège ? De deux choses l'une, ou les « riches » sont des privilégiés, — groupe infime perdu au milieu de la masse de la nation — et le produit de leurs dépouilles ne saurait enrichir le Nombre, ou bien ils sont nombreux et rien ne saurait démontrer plus clairement que la richesse est accessible à une majorité. En fait, tout nous prouve que les grosses fortunes et les gros revenus sont rares. Grandes propriétés rurales, ou urbaines, grandes situations industrielles, commerciales ou financières, toutes sont des exceptions.

La preuve est faite ; la pyramide des fortunes et celle des revenus a été calculée et (1) tracée. Sur les fortunes et leurs revenus exceptionnels ou simplement considérables, il faut prélever l'amortissement des capitaux qu'elles représentent et qui sont exposés, risqués, anéantis parfois ; il faut prélever la part qui correspond à des richesses improductives et non partageables, œuvres d'art, ou châteaux, devenus « les parures de la force ». Et ces privilégiés n'ont-ils pas — malgré eux peut-être — en vertu de l'action même des lois

___

1. Voir les travaux de M. de Foville dans la *France économique*, ceux de M. Leroy-Beaulieu dans son *Essai sur la répartition des richesses*, voir les statistiques des fortunes taxées.

économiques, exercé cette fonction d'épargne créatrice dont parle M. Jaurès en citant Auguste Comte ?

Au moment où s'opérera — suivant des règles inconnues — la répartition nouvelle des richesses existantes ou désormais produites, comment fixera-t-on la limite de ce qui doit rester aux privilégiés pour qu'ils conservent eux-mêmes leur énergie productive et leur fonction d'épargne créatrice ? Nul ne le sait et personne ne tente de le préciser !

*
* *

« Mais, ajoute le collectiviste, ce rôle initiateur et civilisateur des classes dominantes est inutile désormais et onéreux ; le progrès humain peut être à la fois, dès maintenant, énergique et homogène, il peut entraîner et soulever d'un mouvement uniforme, toute la masse de la nation... La puissance du *machinisme* (sic) est telle que tous les hommes savent et conviennent (?) qu'appliquées avec ensemble et méthode, elle peut *accroître infiniment la productivité du travail humain.*

« Pour aller à l'esclave, les civilisations antique auraient dû descendre ; car elles n'avaient pas la *puissance presque indéfiniment extensible des* moyens mécaniques de production...

« De leur budget personnel accru, les producteurs se serviront d'abord pour accroître leur bien-être, c'est-à-dire leur force vitale de production ; et ensuite toute la nation, par un *effort intense, continu, normal* (?) de tous les citoyens réconciliés (?) se haussera vers les formes supérieures d'existence graduellement accessibles à tous.

« Donc, d'abord et *d'emblée*, en développant chez tous la *force*, le *besoin* et l'*espoir*, l'ordre socialiste, par le seul effet d'une répartition meilleure donnera un prodigieux essor à la production... »

Nous nous permettons d'en douter. Cet essor de la production résultera, dit-on, du machinisme, des moyens mécaniques de la production. Or, cet outillage mécanique fonctionne dès maintenant. Inventeurs, capitalistes, entrepreneurs ont d'autant plus d'intérêt à l'utiliser qu'ils en recueillent, paraît-il, tous les bénéfices en privant l'ouvrier du produit « intégral » de son travail. La masse des richesses n'est pourtant point assez considérable pour satisfaire tous les désirs ou pour effacer seulement toutes les misères. Nous nous sommes efforcé de le prouver en montrant le résultat d'une répartition *égalitaire* des revenus ou des profits (1).

Est-il bien certain, maintenant, que l'accroissement du bien-être aurait pour résultat de provoquer « un effort intense, continu, normal » de tous les citoyens réconciliés ? Sans doute, s'il s'agit des vies que la misère abrège des forces

1. Voir nos deux chapitres sur : « Les illusions relatives à la masse des richesses produites » et, sur « L'action syndicale, les intérêts et les profits. »

que la maladie peut briser, toute élévation appréciable de la condition matérielle du Nombre, doit contribuer à l'accroissement de la richesse en sauvant ces existences et en conservant ces énergies. Est-il nécessaire pour cela que la propriété privée soit transformée en propriété collective et que le salariat disparaisse? C'est ce qu'il faudrait prouver alors surtout que l'étude attentive mais impartiale des réalités nous montre les salaires toujours plus élevés, les œuvres d'assistance et de prévoyance toujours plus nombreuses, plus puissantes, et plus efficaces à mesure que la richesse générale se développe.

La responsabilité et le désir d'acquérir excitent toujours, en ce moment, le producteur à produire plus, l'épargnant à épargner davantage, l'entrepreneur à réaliser quelque progrès dans la technique industrielle ou dans l'administration des forces qu'il dirige. Que deviendront cette responsabilité et ce désir d'acquérir lorsque la propriété privée ne sera plus qu'une part d'intérêt hypothétique dans une coopérative socialiste dont les membres ne sauraient être laissés sans secours si médiocre que soit leur productivité, si grande que soit leur paresse ?

Existe-t-il une force capable, aujourd'hui, de lutter contre la nonchalance et d'imposer aux plus indolents la dure obligation de l'effort sans cesse renouvelé ?

Oui certes ! et cette force est un sentiment ; c'est l'amour de ceux qui dépendent de nous et en qui nous voulons revivre : Sentiment de protection, besoin de dévouement, souci de la grandeur d'une œuvre fondée ou d'un nom bien porté, attachement profond au sol sur lequel les descendants trouveront le pain de chaque jour après y avoir trouvé leur berceau préparé.

Que nous propose le collectivisme pour remplacer ce sentiment si puissant qu'il réconforte et anime tous les hommes capables de souffrir dans le présent pour vivre dans leur enfant les jours plus heureux de l'avenir? Voici la réponse :

« Pour le capitaliste, l'éternité et l'infinité du capital a je ne sais quoi d'abstrait et d'extra-humain. Cette richesse qu'il réserve à des croissances illimitées, il ne sait pas, après une ou deux générations, qui en sera détenteur et quel usage en sera fait.

« Au contraire, dans le système socialiste, l'homme sait que c'est au profit de la nation une et organisée ou mieux encore dans un avenir prochain au profit de l'humanité une et organisée, qu'il réserve une part de richesse transformée en moyens nouveaux de production. »

A coup sûr, c'est là une belle et noble pensée, et nous n'avons garde de railler. C'est, toutefois, faire trop d'honneur à l'homme, à tous les hommes, que de les croire accessibles à des sentiments si généreux. Oui, il est vrai, comme l'a dit Lamennais (1), que la société humaine est fondée sur le don mutuel de l'homme à l'homme et de chaque homme à tous les hommes, et que le

_____

1. *Essai sur l'indifférence.*

sacrifice est l'essence de toute vraie société. On ne remplace pas, toutefois, les sentiments simples et forts par des impulsions aussi désintéressées.

Le socialisme mystique ne saurait avoir sur l'âme des foules la forte prise qui doit permettre de les guider.

Il nous est impossible de croire que l'organisarion socialiste puisse développer largement la production et accroître par conséquent la richesse. C'est le premier point que nous avions dessein d'étudier, et c'est la première conclusion que nous prétendions formuler.

II

Tout travail suppose une direction. Que cette
direction soit assurée par un patron ou par un
conseil élu au sein d'un organisme socialiste, peu
importe ; ce qui est certain c'est que l'ordre
nécessaire doit être imposé et suivi sous peine de
gaspillage et de ruine. Dans la société actuelle,
c'est le chef d'entreprise qui commande parce
qu'il accepte par avance la responsabilité de la
direction qu'il imprime. Dans l'organisation
socialiste, ce n'est pas une entité métaphysique,
l'Etat, la corporation ou l'association coopérative,
qui peut tracer une règle et imposer un plan. Il
faut des hommes pour représenter la personne
morale que d'autres hommes vont constituer en
s'y agrégeant. L'obéissance sera une nécessité,
l'effort sera un devoir à l'égard des co-parta-
geants, parce que la révolte serait une faute à
l'égard de tous, et la paresse un vol commis aux
dépens des associés. Qui ne voit dès lors que les
chaînes du salarié ne sont point brisées et que
la volonté du travailleur doit se courber devant
celle du fonctionnaire social ou du directoire
exécutif impersonnel et irresponsable dont il
dépendra désormais !

A la vérité, il ne peut résulter de cette organisation que l'anarchie ou le despotisme.

Nous sommes en présence d'une sorte d'institution monacale, d'une série de corporations soumises au gouvernement le plus tyrannique ou exposées à tous les désordres qu'engendre la discussion perpétuelle des attributions, des devoirs et des droits de la foule des associés ou de la minorité qui la gouverne.

Nous comptons à cette heure, en France, 5 millions 500 mille patrons et 7 millions 700 mille salariés dont la plupart deviendront patrons à leur tour.

L'organisation socialiste transforme la société en une étrange collectivité constituée par des milliers de coopératives ou de groupes au sein desquels l'immense majorité des travailleurs resterait à jamais courbée sous le joug d'une oligarchie, ou sous la volonté tyrannique de quelques milliers de conseils directeurs.

Pour séduire et en même temps pour convaincre, les collectivistes nous parlent de l'âge d'or promis, de « l'universalisation rapide du bien-être et des nobles joies de la vie. »

Quelle amère déception le jour où la révolution sociale accomplie, les plates et cruelles réalités briseront les ailes de ces espérances !

La terre ingrate et sourde à tant de poétique éloquence refusera de porter toutes les moissons qu'on attendait, toutes les récoltes qui devaient faire régner l'abondance au sein de la société régénérée ; les machines elles-mêmes se refuseront à produire si les matériaux qu'elles transforment ne sont pas multipliés, et les hommes verront s'ajouter à la tyrannie de leur organisation basée sur la contrainte, toutes les servitudes de la misère.

*
* *

Nous connaissons, d'ailleurs, toutes ces chimères et toutes ces promesses. Pour détromper ceux qu'elles pourraient séduire, il suffit, en vérité, d'écouter la voix des morts qui parlent et nous entretiennent des rêves de leur temps. C'est l'un d'eux qui nous dit à ce propos :

« Entendez-vous par organisation du travail le communisme politique et savant qui consiste à s'emparer au nom de l'État, de la propriété et de la souveraineté des industries et du travail, à supprimer tout libre arbitre dans les citoyens qui possèdent, qui vendent, qui achètent, qui consomment, à créer ou à distribuer arbitrairement les produits, à discipliner le travail, en un mot à substituer en tout l'État propriétaire et industriel aux citoyens dépossédés ! Ce système n'est autre chose que la Convention appliquée au travail et tranchant les fortunes au lieu de couper des têtes pour démocratiser le revenu. Ces jeunes théoriciens, frappés des difficultés et des inconvénients de le liberté des industries, la suppriment au lieu de la régler, ils rêvent le 18 brumaire des travailleurs.

« Ils ont le sentiment, on pourrait même dire ils

ont l'idée fixe du gouvernementalisme ; ce sont les ultra-gouvernementaux du temps.

« Ils veulent que le gouvernement, pourvu qu'il soit démocratique, ose tout, fasse tout, tienne tout. La tyrannie qui leur paraît exécrable en haut, leur paraît excellente en bas ; ils oublient que l'arbitraire ne change pas de nature en se déplaçant, et que si l'arbitraire des rois ou des aristocrates est insolent, l'arbitraire du peuple est odieux.

« Nous ne nous étonnons que d'une chose, c'est que ces fermes penseurs ne poussent pas leur principe d'ultra-gouvernement jusqu'à ses conséquences, et qu'ils ne suppriment pas la faculté de discussion, la liberté de penser et d'écrire. Cela serait logique, car, puisqu'ils veulent que le gouvernement démocratique possède. instruise (1), vende et achète pour les citoyens, pourquoi ne le chargeraient-ils pas aussi de parler, d'écrire ou de penser pour tout le monde ? L'unité serait plus complète et la servitude mieux assurée ! Nous venons de dire le mot, ce système serait la servitude. Voilà pourquoi il ne séduira pas longtemps les âmes élevées et mâles qui le formulent aujourd'hui. Ces hommes reculeront devant leur ouvrage quand, au lieu de la liberté et de l'organisation du travail, ils auront trouvé au fond de la

---

1. C'est effectivement la pensée de ceux qui entendent réserver à l'État le monopole effectif de l'Enseignement et écarter des fonctions publiques ceux qui ne sortiraient pas des écoles de l'État.

révolution et de la démocratie le monopole du gouvernement, la dépossession des citoyens et la servitude du travailleur. Une idée fausse peut séduire
un moment leur esprit ; un système dégradant ne
séduira jamais leur cœur. C'est la propriété qui,
des esclaves de l'antiquité et des serfs du moyen
âge, a fait des citoyens. En rendant l'Etat seul
propriétaire, que feraient-ils ? Avec des citoyens
ils referaient en réalité des serfs et des esclaves
de l'Etat. L'Etat seul serait libre, les individus
seraient tous prolétaires ».

TABLE DES MATIÈRES

TROISIÈME PARTIE

Imprimerie de la Librairie V. GIARD et E. BRIÈRE, Paris.

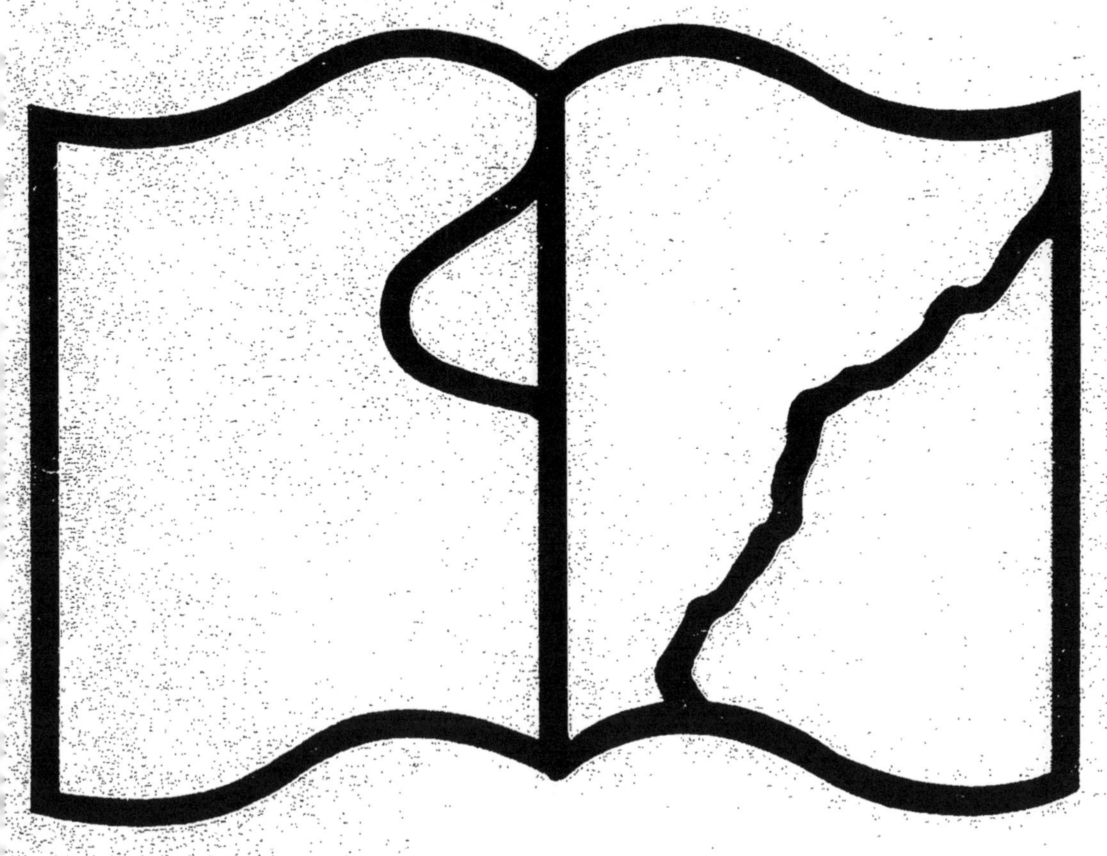

Texte détérioré — reliure défectueuse

NF Z 43-120-11

Contraste insuffisant

NF Z 43-120-14